ثقافة السلام

"الحرب أقدم من الحضارة"

عنوان كتاب للبروفيسور
لورانس كيلي أستاذ علم الأجناس
بجامعة إلينوي الأميركية

ممدوح الشيخ

الكتاب: ثقافة السلام

المؤلف: ممدوح الشيخ

الطبعة الورقية الأولى: دار ومكتبة الغد – القاهرة – 2009.

الإهداء

إلى من شاركتني مشواري بصبر ومحبة وحماس
إلى زوجتي
ممدوح

مقدمة

"إن نظرية عن الحرب يجب أن

تكون أيضاً نظرية عن السلام"

الباحث الأمريكي ريتشارد نيد ليبو أستاذ الذكرى

المئوية بكلية لندن للاقتصاد والعلوم السياسية

("لماذا تتحارب الأمم: دوافع الحرب في الماضي والمستقبل" – سلسلة عالم

المعرفة – المجلس الوطني للثقافة والفنون والآداب – الكويت – ترجمة: دكتور

إيهاب عبد الرحيم علي – العدد 403 – أغسطس 2013 – ص 27)

هذا الكتاب محاولة للإجابة عن سؤال مفصلي هو:

هل الإنسان مقاتل بـ "الضرورة"؟ أم مقاتل "عند الضرورة"؟

في مناخ الأزمة، وتحت تهديد الإرهاب الفكري، يصبح الكاتب مضطراً لأن يؤكد براءة ساحته وسلامة نيته قبل طرح بعض أفكاره، وفي هذا المناخ وحده تتحول المواقف والاجتهادات – وهي بطبيعتها متغيرة – إلى مبادئ، وتتحول وجهات النظر إلى أديان، وتتحول "الوطنية" إلى عقيدة مغلقة يحرسها "إكليروس" وطني يعيد

إنتاج سلطة الكنيسة في العصور الوسطى، وعندئذ تتحول الوسائل إلى أهداف نهائية مقدسة لا يجوز تقييمها وفقاً لكفاءتها، ولا يجوز الدعوة لاستبدالها.

وفي هذا المناخ تحمل بعض التعبيرات عبء صراعات وتصبح بعض الخيارات **"ملعونة"** لا يجوز لأحد أن يقترب منها، ومنها للأسف الشديد **"ثقافة السلام"**، فقد تم وضع السلام في ثقافتنا العربية في القائمة السوداء بسبب ظرف طارئ عمره لا يتجاوز عدة عقود، هو الصراع العربي الصهيوني، بينما ثقافتنا العربية الإسلامية على امتداد قرون كانت ثقافة سلام مع النفس ومع البيئة المحيطة ومع العالم. فجأة أصبحت **"ثقافة السلام"** تعبيراً مثيراً للريبة، وهي في الحقيقة ريبة في غير محلها، ليس فقط لأن السلام حالة نبيلة تتفق مع الفطرة والسواء الإنساني والبنية التشريعية التي أرساها الإسلام، بل لأن السلام حق وواجب إنساني في آن وحد.

إن **"السلام"** موقف وليس مبدأً، وكذلك **"الحرب"**، وكلاهما وسيلة لإحقاق الحق، فإذا أصبح السلام مبدأً تحول إلى استسلام، لكن الحرب أيضاً إذا تحولت من وسيلة إلى غاية فهي انحطاط بالإنسانية من أفق التكريم السامي الذي ارتقت إليه بمنة إلهية، لتسقط في درك الحيوانية الذي تتحكم فيه الغرائز. فالحيوان لا يعرف المسافة

التي تفصل بين الفعل ورد الفعل، وهذه المسافة بين الفعل ورد الفعل هي مناط التكريم وفضاء تحقُّق إنسانية الإنسان، والفاصل الذي يقف فيه الإنسان — الفرد أو الجماعة — ليسأل نفسه عن المشروعية القيمية والإجرائية لرد فعله، وكذلك البدائل المتاحة والأولويات وتراتبها.

وما من أمة إلا وتساهم بشكلٍ واعٍ مقصود، بل ربما مُخطَّط في تغيير ثقافتها جزئياً، لأن تصوُّر أن الثقافة مقدسة ينطوي على نوع من "**تأليه المجتمعات**"، فالثقافة التي هي نتاج تفاعل الإنسان مع البيئة المادية والوجود الاجتماعي المحيط به والتاريخ والمعرفة العلمية المتاحة له، وعوامل أخرى عديدة، هذه الثقافة، ليست نهراً منساباً يصحح حركته ذاتياً، ويحدد مجراه آلياً بل تنطوي على جانب كبير من القصدية. وفي مساحة القصدية هذه تقوم النخب بأدوارها بوصفها مؤتمنة على أمتها فتدعو لتأكيد سمات وتهميش أخرى. وعملية التهميش والتأكيد هذه وإن لم تبد بشكل ظاهر للعيان للفرد العادي إلا أنها معروفة للنخب السياسية والثقافية، وعليها مدار الجانب الانتقائي من الثقافة، فكل جيل يختار من الماضي والحاضر، ولا يمكن — في أية ثقافة — أن تبقى كل المتناقضات متجاورة إلى ما لا نهاية.

وهنا المشكلة.

فثقافة السلام من القضايا التي "تَقرَّر" بشكل غامض تصنيفها بوصفها "**شجرة محرمة**" في الثقافة العربية الإسلامية المعاصرة، وهو اختيار لم يكن ليعيننا على استرداد حق مسلوب، لأن استرداد هذا الحق مرهون، فعلياً، بكفاءة "**الدولة العربية**" وليس مرهوناً بدرجة تشبُّع المجتمعات العربية بثقافة رفض السلام. وفي حقيقة الأمر فإن "**ثقافة السلام**" ليست مرادف "**ثقافة الاستسلام**"، وليست نقيض "**ثقافة المقاومة**"، بل نقيض:

"**ثقافة العنف**"

و "**ثقافة العدوان**"

و "**ثقافة الكراهية**"

و "**ثقافة العسكرة**"

و "**ثقافة الصراع**"

وجميعها مفردات تخرج الإنسان عن حالته الفطرية، وفي إطار هذه الحالة فإن العدوان يستثير الغضب، أما ثقافة الغضب التي تجعل هذه الحالة سمة دائمة وتمتدح ذلك وتسوغِّه، فهي ثقافة معادية لإنسانية الإنسان، وخلفها تأتي متلازمة من الأعراض تأتي على الأخضر واليابس، ولا تتوقف عند ميدان العلاقة مع الآخر لتصبح

ثقافة عنف شاملة: اجتماعية سياسية، لا تستثني الكيانات الأصغر، وصولاً إلى الأسرة الواحدة.

وعليه فإن إدارة عملية تغيير مخطّط واعٍ محسوب لنشر ثقافة السلام، مطلب إنساني لأجل مستقبل الإنسان، ولا يجوز حشرها حشراً في سياق سياسي ضيق، وإذا لم يكن السلام مطلباً لنا كأفراد وكأمة فإن النتائج الكارثية للتصالح مع الصراع كمنطق ومبدأ، والعنف كوسيلة وتطبيعه، ستتجاوز آثاره بكثير العلاقة مع الآخر لتأكل المجتمعات العربية. فالعنف الاجتماعي المتصاعد ليس حصاد عوامل اجتماعية وحسب، والعنف السياسي الذي شهدته عدة أقطار عربية خلال العقود القليلة الماضية هو نتاج عوامل عديدة في مقدمتها التغييب المتعمد المقصود المخطط الواعي لمعطيات بينها: "**ثقافة السلام**".

من ثم فإن هذه الدراسة هي في مساحة ما هو اختياري في علاقة الإنسان بثقافته، ولا تسعى لأن ترد على المنطق الإقصائي/ العدواني بمنطق إقصائي مقابل، فالعنف بمعناه الواسع، والحرب بصفة خاصة، كانا – على امتداد التاريخ الإنساني – جزءاً من حياة المجتمعات.

لكن ما تريد أن تقوله الدراسة أن تحويل "**الجزء**" إلى "**الكل**" تلاعبٌ بالمعايير، تترتب عليه نتائج خطيرة، وتحويل الأصل إلى فرع، والفرع إلى أصل، لا يثمر إلا ثقافة مختلة، وعندما تصاب الأمم بالدوار الثقافي نتيجة اختلال معايير التقييم فإن النتائج تكون مما لا يعلم إلا الله مداه.

والسلام..ختام

ممدوح الشيخ

الباب الأول
الإنسان وثقافته

الفصل الأول:
الإنسان وثقافته: يا أيها الإنسان

<u>تمهيد</u>:

ما الذي تعنيه كلمة "**ثقافة**" في الاختيار بين الحرب والسلام؟

ما تعنيه كلمة "**ثقافة**" بالنسبة للحرب والسلام تلخصها دراسة أجريت حديثاً على دوافع الحرب، تبنت مفهوماً مادياً صرفاً لا مكان فيه للأبعاد الثقافية عند دراسة الحرب، تقول الدراسة إنه قبل صواريخ كروز وتوماهوك، وقبل المدفعية، وقبل السيوف والرماح، وربما قبل أن تطرأ للرجل الأول من سكان الكهوف الفكرة الألمعية بشحذ حواف حجر الصوان، كانت هناك الحرب. هذه هي النتيجة التي صار يؤمن بها عدد متزايد من علماء الأجناس والأحياء، الذين صاروا

يعتقدون بأن الحرب ليست واحدة من منتجات الحضارة، أو حاجة قومية أو اقتصادية أو حدودية، وإنما هي شيء محفوظ في بنية الدماغ، الأداة الأكثر فعالية لعمل الخير وإتيان الشر. ويمكننا هنا أن نستعير ما يقرره الباحث الأمريكي ريتشارد نيد ليبو أستاذ الذكرى المئوية بكلية لندن للاقتصاد والعلوم السياسية في مقدمة كتابه: **"لماذا تتحارب الأمم: دوافع الحرب في الماضي والمستقبل"**، يقول: **"يمثل العنف المنظم نقمة ابتليت بها البشرية منذ العصر الحجري على الأقل"**.

والبحث عن هذا **"السفاح"** الكامن في أعماق النفس البشرية كان موضوع تنظيرات فلسفية، لكنه — وهذا الأهم — كان موضوع دراسات علمية تضافرت فيها جهود علماء البيولوجيا والطب والعلوم الإنسانية وعلوم أخرى. وفي 10 فبراير 2015 نشر موقع **الدويتشه فيله** الألماني جانباً من نتائج دراسة تتناول الظاهرة. عنوان التقرير المشار إليه كان: **""نشوة القتل": التفسير العلمي لتلذذ السفاحين بجرائمهم"**. وقد أظهرت استطلاعات للرأي، قام بها الجيش الأمريكي أن نشوة القتل تصاعدت بشكل ملحوظ، فالاستطلاعات التي أجريت بعد نهاية الحرب العالمية الثانية، كشفت أن نحو نصف الجنود فقط قاموا بتسديد بنادقهم على جنود العدو. لكن النسبة تصل إلى 95 بالمائة لدى الجيل الحالي من الجنود.

14

و"الناس الأصحاء نسبياً لديهم خوف كبير من أن يلحقوا الأذى بأناس آخرين"، على ما يقول المختص في علم الأحياء العصبية يواخيم باور. و"بفضل نظام الخلايا العصبية المرآتية الموجودة في المخ، فإن الآلام التي يشعر بها الآخرون" هي نفسها "الآلام التي نشعر بها أيضاً". والخلايا العصبية المرآتية: هي خلايا عصبية تجعل منا أناسا نتآزر مع الآخرين في محنهم ونشعر بآلامهم (سميت بهذا الاسم لتشابه وظيفتها مع عمل المرآة حيث تنقل الصورة).

وبحسب تقرير **دويتشه فيله** المشار إليه، زار توماس إلبيرت أماكن يبدو أن الناس فيها نسوا المشاعر التي تثيرها عملية إلحاق الأذى بأناس آخرين أو قتلهم، وتحدث مع مقاتلين يعد القتل من بين أنشطتهم اليومية، والتقى بجنود أطفال أياديهم ملطخة بالدماء. توماس إلبيرت على ثقة بأن كل واحد منا يمكن أن يتحول إلى قاتل. ويروي إلبيرت أن بعض الأطفال كشفوا له عن أن عملية القتل تصيبهم بحالة سكر وانتشاء. و"**كل من لديه تجربة في القتال يصف حالات الثمالة هذه، أي أنها تقريباً لحظات تثير النشوة لدى شخص قام بقتل شخص آخر**".

15

وقد يؤثر الانتماء الثقافي على اختيار الأسلحة وطريقة القتال والقتل، لكن هناك قواسم مشتركة على الصعيد البشري في عمليات الاعتداء بالعنف والقتل، على ما يقول توماس إلبيرت. **"لقد رأيت في أوغندا كيف يقوم المتمردون بقطع أنوف وآذان وشفاه ضحاياهم – ونفس الأمر عايشته في أفغانستان أيضاً".**

البحث عن تاريخ العنف

بدءاً من الدراسات التي تراكمت حول القبائل المتحاربة في بابوا غينيا الجديدة، وانتهاءً باكتشاف الصدامات الدموية بين مجموعات الشمبانزي، تشير الدراسات الحديثة إلى أن الحرب تنبع من نوازع رسبتها حقب التطور المديدة. وكان بول روسكو قد قضى سنوات في دراسة قوم اليانغورو بويكين، في بابوا غينيا الجديدة، الجزيرة التي تسكنها مئات المجموعات القبلية، التي جعلتها صلتها القريبة نسبياً مع الحضارة مختبراً لدراسة مراحل التقدم الإنساني. وقال روسكو (عالم الأجناس بجامعة ماين): **"قبائل بابوا غينيا الجديدة هي نحن أنفسنا بلا أسلحة نووية".**

وهذه العبارة، التي تبدو بريئة ومحايدة علمياً، تتضمن عدة افتراضات وانحيازات، فهي:

أولاً: تفترض أن الإنسان كائن متطور عن أصل حيواني.

ثانياً: تفترض أن مسار تطوره ما زال مستمراً وأنه مسار خطي حتمي.

ثالثاً: تفترض أن القبائل البدائية المشار إليها تمثل الإنسان في مرحلة بدائية، ومن ثم يمكن بدراستها معرفة ماضي هذا الكائن.

يقول لورانس كيلي، أستاذ علم الأجناس بجامعة إلينوي في شيكاغو مؤلف كتاب: "**الحرب أقدم من الحضارة**": إن "**فكرة أن الحرب بدأت مع المدينة/ الدولة، أو مع ظهور الحضارة، أو مع بروز أوروبا، فكرة واضح بطلانها. إن الحرب ظهرت، على الأقل، مع بداية الجنس البشري**". ويتساءل أحدهم: لماذا لا تجد هذه الأجهزة الرائعة التي اخترعها الإنسان طرقاً أقل بربرية لحسم النزاعات؟

وحسب هذه النظرة التطورية للإنسان وبسبب إغراقها المفرط في المادية تصبح الحرب في المجتمع البشري موضوعاً يدرسه علماء الأحياء، ويرى ريتشادر الكسندر، عالم الأحياء التطورية، مشيراً إلى عمق ظاهرة الحرب في الحياة الإنسانية، أن "**مهمة التخلص منها صعبة بشكل لا يصدق. ولكنها مع ذلك أكثر المهام أهمية ونبلاً**".

الحوار حول طبيعة الحرب (بل العنف بمعناه الواسع) وحدود دورها في صناعة التاريخ تمتد لتشمل عدداً لا يُحصَى من الأدبيات في

عدد كبير من العلوم. الكاتبة حنا أرندت تجمل في كتابها: "**في العنف**" ما يخص علمي التاريخ والسياسة قائلاً: "**لا يمكن لأي شخص أعمل فكره في شئون التاريخ والسياسة، أن يبقى غافلاً عن الدور العظيم الذي لعبه العنف، دائماً، في شؤون البشر**".

وبحسب دراسة عنوانها: "**داعية حرب أم مؤمن بالمثالية: جذور الصراع البشري** " (نشرها موقع مؤسسة هنداوي الثقافية المصرية)، فإن الإنسان ليس نوعًا عنيفًا من المخلوقات، "**لكننا ببساطة نملك مما يستحق القتال في سبيله أكثر مما تملكه الحيوانات.** وبحسب كاتب الدراسة فإن إنسان القرن الحادي والعشرين ينبغي أن يعتبر نفسه محظوظًا؛ فهو يعيش أكثر العصور سلامًا في تاريخ جنسنا البشري. فاليوم، أصبح احتمال موته على يد شخص آخر، أقل منه في أي وقت مضى على مدار التاريخ البشري. هكذا يعتقد ستيفين بينكر في كتابه عن تاريخ العنف البشري: "**الجوانب الملائكية في طبيعتنا**". واستنادًا إلى عدد هائل من الإحصاءات، يبين بينكر أن حالات الوفاة الناجمة عن الصراعات العنيفة — بدءًا من الثأر الفردي والثأر بين العائلات وصولًا إلى الإبادة الجماعية والحروب — أخذت تتراجع طيلة الستة آلاف عام الماضية على الأقل. ويرى بينكر أننا لا نزال نعاني توجهات عدوانية،

لكن الطبيعة الإنسانية تغيرت بتغير الثقافة؛ أي التغيرات التي طرأت على السياسة والقانون والتجارة والأخلاقيات، بالإضافة إلى التواصل العالمي المتزايد الذي أتاح للأشخاص أن يختبروا بطريقة غير مباشرة معاناة الآخرين في أنحاء العالم ويتعاطفوا معهم.

مع هذا، لا يزال العنف الجماعي يمثل أحد جوانب الوجود البشري المنتشرة انتشارًا صادمًا. تتقاتل الحيوانات الأخرى على الموارد المحدودة أو من أجل الفوز بالإناث المرغوبة، أما البشر فيتقاتلون لأسباب بيولوجية وثقافية أيضًا. فالبشر وحدهم يخوضون الحرب دفاعًا عن الشرف والقيم. يصعّب هذا علينا سبر أغوار طبيعة الصراع البشري. غير أننا بدأنا نستوعبه، ويساعدنا استيعابنا العميق له في تفسير التوجه التاريخي بعيدًا عن العنف الجماعي. وله نتائج عملية أيضًا؛ إذ يطبق الباحثون ما فهمناه على بعض الصراعات الدامية الحالية.

ويعتقد ريتشارد رونجهام، أستاذ الرئيسيات بجامعة هارفارد، أننا نتشارك مع كائنات أخرى بعض سمات متصلة بالعنف لكن **"أهدافنا أكثر تعقيدًا"**، تقول ميشيل جيلفاند، الأستاذة بجامعة ماريلاند في كوليدج بارك: **"يستمد العدوان البشري تفرده من أنه**

قد يتضمن الصراع على الأفكار والمعتقدات ورموز الهوية الثقافية".

ويكشف سكوت أتران، أستاذ علم الإنسان بمعهد جان نيكود في باريس بفرنسا صلة بين العنف والهوية، يقول: "**ننتمي جميعًا إلى نوع واحد لكننا نقسم أنفسنا إلى عشائر متنافرة متناحرة**"، الأمر المريع هو سهولة توقع العداء والعدوان الجماعي. ومنذ حوالي ٤٠ عامًا، أوضح هنري تايفل كيف أن الأشخاص الذين يقسمون إلى فرق كانوا يحابون زملاءهم في الفريق، وكانوا يعاملون أعضاء الفريق الآخر بحدة. منذ ذلك الحين، أُجريت العديد من التجارب التي أوضحت كيف تستطيع أقل الدلالات المرتبطة بالهوية الثقافية أن تخلق عداءً نحو الغرباء عنها؛ حتى إنه لو وزعت مجموعة قمصان مختلفة الألوان عشوائيًا لأدت المهمة!

ويرى صامويل بولز أستاذ الاقتصاد بمعهد سانتا في بنيو ميكسيكو أن حب الفرد لعشيرته تطور بالتزامن مع عدائه للغرباء، ما خلق مزيجًا غريبًا من التعاطف والعنف. ومن شأن هذا المزيج أن يؤتي ثماره في عالم من القبائل المتحاربة، فيه تحظى المجموعات ذات الأفراد الذين يميلون إلى الترابط للقتال من أجل المصلحة العامة بمزية تنافسية على خصومها من المجموعات التي تتألف من أفراد أقل استعدادًا

للتضحية من أجل قرنائهم. وطوال أغلب فترة ما قبل التاريخ، كنا نعيش في مثل هذا العالم. استنادًا إلى الدلائل الأثرية التي ترجع إلى ١٢ ألف عام ماضية، يقدر بولز متوسط إجمالي الوفيات الناتجة عن العنف بين أفراد العشيرة الواحدة بنحو ١٤ بالمائة.

وتحث الثقافة أفراد المجموعة على تمييز أنفسهم عن الآخرين باستخدام علامات (الزي والأطعمة المفضلة وممارسات الطقوس)، وتملي عليهم ما يستحق القتال من أجله؛ هنا نجد بعض الثقافات عدائية أكثر من غيرها. تقول ميشيل جيلفاند: "إننا **نطور أعرافًا اجتماعية للصراع، ولأن الأعراف تختلف اختلافًا كبيرًا من ثقافة لأخرى، فستكون هناك اختلافات كبيرة أيضًا في التوجهات العدوانية"**.

وفي المجتمعات "**الجماعية**" يعد الالتزام الصارم بالدفاع عن شرف المجموعة مثالًا على ما يسميه علماء النفس: "**القيمة المقدسة**"، ويعرّف أستاذ علم النفس بجامعة نيوسكول في نيويورك جيريمي جينجز هذه القيم بأنها: "**القيم التي تتشاركها عادة المجتمعات بأسرها، والتي لا يمكن مبادلتها بأشياء مادية كالطعام أو المال**"، وهي قيم مطلقة غير قابلة للتفاوض، وهذا يعطيها ثقلها في العديد من الصراعات المعاصرة. وعثر باحثان حديثًا على أدلة تشير

21

إلى أننا نفكر في القيم المقدسة بأسلوب يختلف في جوهره عن التفضيلات العادية. والباحثان عملا بالتعاون مع جريجوري بيرنز، أستاذ علم الأعصاب بجامعة إيموري في أطلانطا بولاية جورجيا، واستخدم الباحثون التصوير بالرنين المغناطيسي الوظيفي لمراقبة ما يحدث في المخ أثناء تفكير الأشخاص في رفض القيم التافهة والقيم المقدسة. أثارت فكرة تلقي رشوة مقابل نفي عبارة مثل **"أنا معتاد على شرب البيبسي"** النشاط في مناطق المخ المعنية بحساب التكاليف والأرباح. وعلى النقيض من هذا، أثار التفكير في تلقي رشوة مقابل التخلي عن عبارات مثل **"أؤمن بالله"** أو **"لا أريد أن أزهق روحًا بريئة"** مناطق المخ التي تلعب دورًا في استرجاع قواعد السلوك. يؤيد هذا فكرة أن القيم المقدسة تُعالَج في المخ باعتبارها أوامر أخلاقية مطلقة وملزِمة.

وتشحذ الشعائر إحساسنا بذاتنا باعتبارنا أعضاءً في مجموعة، وفقًا لرأي هارفي وايتهاوس، أستاذ علم الإنسان بجامعة أكسفورد، الذي يشرف على دراسة دولية بعنوان: **"الشعائر والمجتمع والصراع"**، وأحد سبل حدوث هذا: الأنشطة المتزامنة، بدءًا من تلاوة الشعائر وحتى سير الوحدات العسكرية بخطوات عسكرية. بل يبدو أن الحركات الجسدية المتزامنة تحث الناس على اتباع الأوامر الداعية إلى معاملة الآخرين بعدوانية. وتربط الشعائر بين الجماعات

بطرق أخرى أيضًا. يقول وايتهاوس: "أعتقد أن أكثر صور الانصهار تطرفًا هي تلك التي تولدها الشعائر التي تبث مشاعر المعاناة والألم والخوف المشترك. وفي الوقت الحالي نحن ندرس العلاقة بين شدة المعاناة في إحدى الشعائر وقوة الترابط الجماعي التي تولدها، ودلالة هذا من حيث التعاون والتضحية بالنفس من أجل المجموعة".

عالم من التصورات

التصورات التي تستهدف فهم/ تفسير العنف (والحرب) تتأسس على التصورات التي تصل حد التناقض للطبيعة الإنسانية، وترمز إليها نماذج من أكثرها شهرة، الخلافات بين الفيلسوف الإنجليزي توماس هوبز من القرن السابع عشر، والكاتب الفرنسي جان جاك روسو، من القرن الثامن عشر. عرف عن هوبز مقولته الشهيرة بأن حالة الطبيعة هي: "**حالة حرب**"، وأن البشر مدفوعون لقتال بعضهم بعضاً بنوازع:

المنافسة

والخوف

والغرور.

بل إنه يمد الخط على استقامته ليشمل دوراً حاسماً لـ "**السيف**" كضمانة وحيدة لسريان المواثيق، فـ "**المواثيق – في غياب السيف – ليست سوى كلمات**".

أما جان جاك روسو، فدعا إلى رأي مخالف تماماً، فحواه أن الإنسان عندما كان في حالة الطبيعة كان مسالماً و"**وحشاً نبيلاً**" وأن الحرب لم تظهر إلا مع ظهور الدول والانقسامات السياسية.

وفي واقع الأمر، فإن الآراء التي ينسب بعضها الحرب إلى الطبيعة الإنسانية، ويعزوها الآخر إلى التربية، تمتد جذورها في الماضي حتى عصر الإغريق، كما تتطاول شجرتها لتغطي ساحات الجامعات الأميركية في الحاضر. ففي عام 1940 دافعت عالمة الانثربولوجيا الرائدة مارغريت ميد، عن فكرة روسو في كتابها بعنوان: "**الحرب ليست سوى اختراع، وليست ضرورة بيولوجية**". وقد قالت في مؤلفها ذاك إن الحرب ليست خاصية عضوية في البشر، بل هي مجرد "**حادثة تاريخية**".

ولكن يبدو أن حجج هوبز تعززت في الآونة الأخيرة. وقال روسكو من جامعة ماين، إن الآراء الشبيهة باراء ميد، ليست سوى نوع من التفكير الرغبوي، من قبل بعض علماء الأجناس وأضاف

روسكو "**لقد درس هؤلاء العلماء بعض القبائل ولم يكونوا راغبين في تغذية الصور النمطية حول المتوحشين المتعطشين للدماء**".

وقد أثبتت الدراسات الحديثة للقبائل البدائية، وهي دراسات تتبنى منظوراً مادياً داروينياً، أن الحرب كانت ظاهرة تكاد تكون شاملة قبل أن يظهر الأجانب بين ظهرانيهم. وبينما كان علماء الأجناس يتقصون جذور الحرب ويرجعونها إلى ما قبل التاريخ، فان دارسي العالم الحيواني من علماء الأحياء يتوصلون، هم أيضاً، إلى استنتاجات مزعجة عن أقرب الكائنات إلى الإنسان.

فبالنسبة للأغلبية الساحقة من الحيوانات، تنتهي النزاعات العنيفة داخل النوع الواحد، وهي غالباً ما تنشب بين الذكور المتنافسين على أنثى، دون إصابات قاتلة. تبدأ مثل هذه الصدامات بين ذكور الأيائل، على سبيل المثال، بخوار توجهه إلى بعضها بعضاً، ثم تشرع في "**السير المتوازي**" في خطوات يصاحبها الخوار. وإذا لم تنجح هذه المناورات الأولية في حسم النزاع، يشتبكون بالقرون حتى يستسلم بعضها ويفر هارباً.

والشمبانزي يمثل استثناء في هذا المجال. فقد أثبتت جين غودال، وغيرها من العلماء الذين يدرسون الشمبانزي الخلوية، أن عصابات من ذكورها تلجأ أحياناً إلى قتل ذكور من مجموعات أخرى

إذا عثروا عليهم في مجموعات أقل. ويمكن لمثل هذه الهجمات أن تحدث، حتى لو كان الغذاء وافراً ولم يتوفر أي دافع واضح لمثل تلك "**الجريمة**".

والأكثر إثارة للدهشة في سلوك الشمبانزي، في حالة الضيق، ما لاحظه في الغابون عام 1990، لي وايت، عالم الأحياء في **جمعية حماية الحياة البرية**، فقد اكتشف وايت أنه عندما انتشرت ظاهرة قطع الأخشاب ودفعت مجموعات الشمبانزي إلى أراض غريبة، فإن المجموعات الغازية كانت تُهاجَم دون رحمة وتُقتَل من قبل المجموعات المحلية التي تُدفَع بدورها، ولنفس الأسباب، إلى أراضٍ جديدة. وبانتهاء دورة الانتقال والمواجهة وجد وايت أن بين 80 إلى 90 % من ذكور الشمبانزي أبيدت!.

هذا المسلك العدواني من قبل الشمبانزي، يكشف واحداً من تناقضات الحرب: أنها تحتاج إلى الذكاء. وفي الحقيقة فإن بعض علماء الأجناس يعتقدون أن الجزء الأمامي من الدماغ الإنساني تطوّر، جزئياً على الأقل، استجابة للحاجة للتخطيط للحرب. وقال كيلي من **جامعة إلينوي**: "**هذه واحدة من أفظع الاستنتاجات التي توصلت إليها من خلال فحص الأدلة الأركيولوجية، وهي أن الحرب كانت نتيجة للذكاء الإنساني وليس لعدم العقلانية الإنسانية**".

وعلى عكس المنازعات غير المهلكة بين الذكور المتنافسين، فإن الحرب البدائية نفسها كانت في حاجة إلى التخطيط، ومقارنة قوة الجيوش، والمقدرة على استخدام الأسلحة. ويجب كذلك ألا نقلل من نزعات تشويه الخصم وتصويره في صورة الشيطان. قال روسكو: "**في غينيا الجديدة يسمون العدو (لعبتنا) و(خنازيرنا المتوحشة)**". وأضاف: "**عندما أُرسِل طيارو سلاح الجو الملكي إلى المانيا، كانوا يقولون لهم: رحلة صيد موفقة أيها الشاب الخبيرون**". وتابع: "**كانت الافلام الدعائية النازية تصوِّر اليهود كنوع من الحشرات والفئران**". ولكن الحاجة لمثل هذه الحملات الدعائية تشير إلى خاصية جوهرية أخرى في الإنسان، هي أنه حتى يتمكن من القتل في الحروب، يجب أن يتخلص من نفور عميق من القتل، يبدو أنه هو الآخر متأصل في النفس الإنسانية.

وقال روسكو: "**في الحروب الغربية وحروب غينيا الجديدة، يجتمع المحاربون ويشدون من أزر بعضهم بعضاً. فهم يذكرون الموتى في حروب ماضية ويترنمون بالأغاني، ويخدرون أنفسهم بمختلف الوسائل**". وإذا لم تكن اعتبارات التنافس وعواطف الخوف والانتقام التي تدفع الناس إلى الحرب، قد تغيرت تغييراً يذكر خلال آلاف السنين، فإن أحجام الجيوش المتصارعة ونوعية الأسلحة المستخدمة

تغيرت بصورة مذهلة. وإذا كانت هذه التطورات قد جعلت الحرب ظاهرة كارثية، فإنها لم تكن كلها شراً. فالأمم الكبيرة والقوية تستطيع قمع العنف داخل حدودها. ورغم قدرتها التدميرية المهلكة، فإن الأسلحة الحديثة تخلف وراءها الضربات العشوائية والقتل الجماعي، لصالح التصويب الدقيق والضربات المحكمة.

وحسب حسابات كيلي المعاكسة للبداهة، فإن ضحايا الحروب البدائية ربما كانوا أكثر نسبة من ضحايا الحروب الحديثة. وقد راح ضحية القتال الذي استمر عقداً كاملاً في يوغوسلافيا حوالي 200 ألف قتيل، مع أن المقاتلين بالفؤوس في رواندا قتلوا 200 ألف في أسبوعين فقط. وقال لورانس كيلي إنه خلال القرنين الماضيين، ورغم نشوب حربين عالميتين، فان أقل من واحد في المائة من الذكور في أوروبا الغربية وأميركا الشمالية ماتوا موتاً عنيفاً. وتشير أبحاثه الأركيولوجية التي تفحص الهياكل العظمية للوقوف على حالات الموت العنيف، أن نسبة تتراوح بين 15 و20 % وسط القبائل البدائية كانت تموت موتاً عنيفاً.

إذن ربما يتغير البشر.

وحسب الدراسة، هناك سوابق تشير إلى ذلك. قال كيلي:
"بحلول عام 1000 كان الفايكينغ أعنف الأجناس في أوروبا

وأكثرهم بشاعة. حتى قصصهم عن أنفسهم كانت تقطر دما. ولكن بعد 800 سنة من ذلك التاريخ، أصبح الفايكينغ أكثر الناس جنوحاً للسلم في العالم". وكما يشير الباحث الأمريكي فإن الحرب ليست صفة لصيقة بأمة دون أمة، بل قد يمر تاريخ أي أمة بمرحلة حرب ممتدة، ثم تمر هي نفسها، في مرحلة تالية، حالة طويلة من السلم.

وإذا كانت الحرب قد طرحت على الثقافة العربية المعاصرة بشكل ملح، فإن تناولها في هذه الدراسة يتجاوز حدود ما هو سياسي مباشر، فالقول بأن الحرب اختيار نهائي ووحيد ينطوي على خطأ أخطر بكثير من القول بأن "**السلام خيار استراتيجي**" وكلاهما يحول "**أداة**" إلى هدف، لكن الأخطر في خيار "**ثقافة الصراع**" وأشباهها هو أنه يخرب الفطرة الإنسانية، ويحوِّل العالم إلى غابة داروينية لا مكان فيها للحق ولا للخير، ويجعل القوة تصنع الحق، وهي في النهاية تنفي الأصل الإلهي للإنسان وتنظر إليه بوصفه كائنا ماديا يعيش في صراع دائم، فالخلاف ليس على أجندة سياسية بل على قضية إنسانية عليها يتوقف معنى كلمة "**إنسان**".

الإنسان بين رؤيتين

ينفرد الإنسان برصيد ضخم من الرموز الثقافية: اللغة، الدين، العلوم، الفكر، القيم والتقاليد الثقافية. وقد انقسم الفكر الغربي المعاصر إلى مدرستين في النظر للإنسان: المدرسة الأوروبية وقامت على أسس **"فكر التنوير"**، وشعارات **"الثورة الفرنسية"** بإغراقها في المادية ومعاداتها للأديان السماوية، والمدرسة الإنجلوسكسونية وتتسم بحضور ملموس للدين وتقدير للأصل الديني لثقافة الإنسان. ومنذ السبعينات تشهد العلوم الإنسانية في المدرسة الإنجلوسكسونية (وبخاصة الأمريكية) اهتماما بسبر عالم الرموز حسب مبدأ **"العودة الي أسس الأشياء"**، الذي شاع اللجوء إليه في بعض علوم الإنسان والمجتمع في هذه المدرسة. فعالم اللسانيات الأمريكي المشهور نعوم تشومسكي انطلق في فهمه وتفسيره للسلوك اللغوي عند الانسان من **"الأسس الفطرية"** للمقدرة اللغوية التي يتميز بها العقل البشري.

ويأتي بعد الفطرة، **"العقل"** كمرتكز ثان للنظرة **"الإنسانية"** للإنسان، فالعقل أو كما سماه أحد العلماء الأمريكيين **"الكون الداخلي للإنسان"**، وهو تلك المهارات التي تميز بني آدم عن غيرهم من الكائنات مثل: اللغة، التفكير المنطقي، الذاكرة، النسيان، الذكاء، القدرة الإبداعية، الأحلام التنبؤية، وعملية الشعور بالذات ودور اللاشعور في الاكتشافات العلمية والمعرفية. فالبحوث الحديثة المقارنة

لعالم الإنسان بعالم الحيوان على مستوى امتلاك واستعمال الرموز الثقافية تفيد دون شك بأن الفرق شاسع جداً بين الفريقين. ومن ثم جاءت شرعية انتقاد علماء النفس السلوكيين، وبخاصة من تبنوا دراسة سلوك الإنسان على الأسس نفسها التي درسوا بها سلوك الكلب والحمام والفأر!!!

وهذا الافتراق الرئيس بين "**الفطرة**" و"**الغريزة**" هو الموضوع الأهم في دراستنا لدور الثقافة في صنع الحرب والسلام، فالانحطاط بالإنسان من أفق التكريم السامي الذي منَّ الله عليه به، ومن ثم وضعه في عالم المادة الذي يفترض أن يكون رحلة تطورية من الأميبا إلى الإنسان، هو موضوع الصراع المعرفي بين ثقافتي السلام والصراع، وبين المدرستين اللتين يفصل بينهما الأطلنطي يغيب "**الدين**" أو يحضر، فإذا حضر الدين كنا أمام الإنسان الفطري، وإذا غاب الدين كنا أمام الإنسان الغريزي، ونحن مطالبون بإنقاذ إنسانيتنا من هذا الوحش المادي قبل أن نكون مطالبين — ربما بالدرجة نفسها — بإنقاذ أية مقدسات أو حقوق مغتصبة.

السبيل الذي نحن بصدده إذن هو أنسنة علوم الفرد والمجتمع، واستعادة السياق الذي يجب أن توضع فيه، وتسليط الضوء المكثف على عالم الرموز الثقافية للإنسان الذي يمثل عودة مباشرة الى صميم

كينونة الإنسان نفسه، إذ أن ما يميزه عن غيره من الكائنات بطريقة حاسمة وفاصلة هو عالم رموزه الثقافية الهائل، وإذا كان قد مثل أكبر لغز للفلاسفة والعلماء والمفكرين في القديم والحديث، فإن عالم رموزه الثقافية هو في نظرنا السبيل الوحد لحل اللغز الإنساني على كل المستويات.

وعالم الرموز الثقافية عند الانسان يكشف عن دلالات جديدة بخصوص الطبيعة البشرية نفسها، وهذا الرصيد الهائل يضفي على طبيعة الإنسان لمسات تتجاوز عالم المادة أو بتعبير الفلسفة لمسات "**ميتافيزيقية**". وحسب عالم الاجتماع المفكر التونسي الدكتور محمود الذوادي، فإن دراسة هذه الجوانب الخفية لعالم الرموز عند الإنسان بقيت مهمشة تماماً في العلوم الإنسانية والاجتماعية الوضعية الأوروبية المعاصرة، وهو أمر منتظر لا غرابة فيه فهي علوم، كما هو معروف، تتبني مبدأ رفض وضع الجوانب غير المحسوسة لطبيعة الأشياء والظواهر تحت طائلة أطر وأدوات ومناهج العلم الوضعي الذي سيطر سلطانه على معظم مجالات المعرفة منذ عصر النهضة، ورؤية وتوجُّه هذا العلم أفرزتهما ظروف خاصة عرفتها الحضارة الغربية منذ القرن السابع عشر. وبالتالي فلا ينبغي أن يكون منظور هذا العلم النموذج المثالي الوحيد لإرساء تراث علمي إنساني ذي مصداقية عالية وعالمية،

فالعلماء عرباً ومسلمين وأعاجم مطالبون باتخاذ موقف نقدي من أسس: "**العلم الوضعي الأوروبي التقليدي**".

وهدف العلماء من مغامراتهم العلمية، يجب أن يظل دوماً، محاولة الغوص في منعرجات حقيقة طبيعة الأشياء، وينطبق ذلك في المقام الأولى على ما همَّشه أو رفضه الوضعيون، ومن ثم أحجموا عن درسه وفهمه وتفسيره من ملامح ظاهرات ما سموه "**عالم اللا محسوس**" أو عالم الروحانيات ويجب أن تقع عودته بصورة طبيعية الي أحضان العلوم بكل فروعها وبخاصة الانسانية والاجتماعية منها. فإحداث الوضعيين القطيعة بين العالمين: المحسوس وغير المحسوس هو موقفٌ العلم منه براء، واستمرار هذه القطيعة لا يمكن إلا أن يشوه في النهاية مصداقية الفهم والتفسير العلميين للظواهر المدروسة. ونحن نأمل في النهاية أن تسمح لنا المعطيات العلمية حول عالم الرموز وجوانبه غير الحسية بالقدرة علي بناء أطر نظرية تؤهلنا أكثر لاكتساب مصداقية تفسيرية للسلوك الفردي والجماعي.

الإنسان في الرؤية الداروينية

ما يسمى: "**علماء البيولوجيا الاجتماعيين**"، رأوا من جهتهم أن أصول بعض السلوكات الاجتماعية هي أصول بيولوجية،

أولاً وقبل كل شيء. ووفقاً لهذه النظرة الداروينية التي اجتاحت الثقافة العربية المعاصرة فإن الفطرة **"وهم"**، والإنسان يولد وعقله صفحة بيضاء لا معارف فيها ولا قيم، في تكذيب صارخ لما يقرره القرآن.

وإذا أخذنا بتقدير المفكر العربي الإسلامي الدكتور عبد الوهاب المسيري، فـ **"لعله لا توجد فلسفة أثرت في عصرنا الحديث أكثر من الفلسفة الداروينية، كما لا توجد فلسفة بلورت الرؤية العلمانية للكون أكثر من الفلسفة الداروينية"**.

"الداروينية"، ويُقال لها أيضاً "الداروينية الاجتماعية": "فلسفة علمانية شاملة، واحدية عقلانية مادية كمونية تنكر أية مرجعية غير مادية، وتستبعد الخالق من المنظومة المعرفية والأخلاقية وتَرُد العالم بأسره إلى مبدأ مادي واحد كامن في المادة ..... والآلية الكبرى للحركة في الداروينية هي الصراع والتَقدُّم اللانهائي وهو صفة من صفات الوجود الإنساني. وقد حققت الداروينية الاجتماعية ذيوعاً في أواخر القرن التاسع عشر ..... ويمكن القول بأن الداروينية هي النموذج المعرفي الكامن وراء معظم الفلسفات العلمانية الشاملة، إن لم يكن كلها".

وقد ذهب داروين إلى أن الكون بأسره سلسلة متواصلة في حالة حركة من أسفل إلى أعلى وأن الإنسان إن هو إلا إحدى هذه الحلقات، قد يكون أرقاها لكنه ليس آخرها. ويرى داروين أن تَقدُّم الأنواع البيولوجية الحية يعتمد على الصراع من أجل البقاء الذي ينتصر فيه الأصلح. و"**قد وُظِّفت الداروينية الاجتماعية في تبرير التفاوت بين الطبقات داخل المجتمع الواحد وفي الدفاع عن حق الدولة العلمانية المطلقة وفي تبرير المشروع الإمبريالي الغربي على صعيد العالم بأسره. فالفقراء في المجتمعات الغربية وشعوب آسيا وأفريقيا (والضعفاء على وجه العموم) هم الذين أثبتوا أن مقدرتهم على البقاء ليست مرتفعة، ولذا فهم يستحقون الفناء أو على الأقل الخضوع للأثرياء ولشعوب أوربا الأقوى والأصلح"**.

والمسيري يزيد الأمر تفصيلاً بالقول إن "**الفلسفة الداروينية**" رسخت أفكار "**الواحدية المادية التي تذهب إلى أن العالم إن هو إلا مادة واحدة صدر عنها كل شيء، مادة خالية من الغرض والهدف والغاية ولا توجد داخلها مطلقات متجاوزة من أي نوع. فالعالم طبيعة، والطبيعة محايدة لا تعرف الخير أو الشر أو القبح أو الجمال. ولا توجد أية ثغرات في الكون إذ أن المنطق المادي حتمي**

شامل يشمل كل شيء. ولا توجد ثنائيات في الكون إذ يُرَد كل شيء إلى المادة ويُفسَّر كل شيء بالتطور المادي".

والإنسان — في الداروينية- "جزء من هذه الطبيعة وهذه المادة، وقد صدر هو أيضاً عنهما من خلال عملية التطور، إذ لا يوجد سوى قانون طبيعي واحد يسري على الإنسان والأشياء، فالوجود الإنساني نفسه يتحقق من خلال الآليات التي يتحقق من خلالها وجود كل الكائنات الأخرى:

الصراع

والقوة

والتكيف".

و"الإنسان، شأنه شأن الأميبا، لا يتمتع بأية حرية ولا يحمل أية أعباء أخلاقية، فالقوانين الأخلاقية هي مجرد تَطوُّر لأشكال من السلوك الحيواني الأقل تطوراً والحرص الغريزي على البقاء البيولوجي. وهذا يعني أن القانون الأخلاقي، وكل القوانين، هي قوانين مؤقتة نسبية، ترتبط بحلقة التطور التي أفرزتها، ولذا يتم الاحتفاظ بالقوانين طالما أنها تخدم المرحلة. ومن ثم فإن الأخلاق المطلقة تقف ضد التقدم العقلاني المادي، وخصوصاً إذا كانت أخلاقاً دينية تدعو إلى حماية الأضعف والأقل مقدرة إلى الإشفاق

عليه والعناية به. وهذا يعني أن كل الأمور نسبية تماماً ولا توجد أية مطلقات، ولذا يمكن القول بأن النظرية الداروينية هي الأساس العلمي للفكر النسبي. وإذا كان التطور يتم أحياناً عن طريق الصدفة، وتحدده الحوادث العارضة، فيمكن القول بأن النظرية الداروينية هي أيضاً أساس الفكر العبثي".

ويستطرد المسيري: "ينطبق الشيء نفسه على نظرية الأخلاق، فالبقاء هو القيمة الوحيدة، والصراع هو الآلية، والأنانية وحب الذات هما مصدر الحركة، ولذا فإن العالم هو ساحة قتال بين الذئاب من البشر (والإنسان ذئب يفترس أخاه الإنسان) وبين الأمم التي لابد أن تصرع بعضها بعضاً لغاية البقاء، فهي حرب الجميع ضد الجميع. ولا توجد قيمة مطلقة لأي شيء، إذ أن ما يحدد القيمة هو القدرة على الصراع والبقاء". وقد ساهمت الداروينية أيضاً في تزويد النظريات العرْقية الغربية والتجارب الخاصة بتحسين الأجناس والنسل والقتل الرحيم على أساس علمي. كما هيمنت النظرية التطورية (ذات الأصل الدارويني) على العلوم الاجتماعية. فـ "الإيمان بالتقدم والحتمية التاريخية جميعها أشكال من التطورية". وهناك كثير من النظريات التاريخية والاجتماعية تُعَد تطبيقات لمبدأ التطور من التجانس البسيط إلى اللاتجانس المركب.

فقد درس هربرت سبنسر التاريخ باعتباره تطوراً من: "**المجتمع العسكري**" إلى "**المجتمع الصناعي**"، ورآه ماركس تطوراً من الشيوعية البدائية إلى الشيوعية المركبة (عبر حلقات محددة: المجتمع العبودي، فالإقطاعي، فالرأسمالي، فالاشتراكي). بينما بيَّن أوجست كونت أن التطور هو تَطوُّر من:

مجتمع يستند إلى السحر
إلى مجتمع يستند إلى الدين
وصولاً إلى المجتمع الحديث الذي يستند إلى العلم.

والفكر العرْقي الغربي فكر تطوري يرى أن الإنسان الأبيض "**آخر حلقات التطور وأعلاها**"، ولذا فله حقوق معينة. وقد تبلور الفكر التطوري العرْقي في الأيديولوجيا النازية التي تبنت تماماً فكرة وحدة العلوم وَطبَّقت القوانين الطبيعية بصرامة على الكافة، وحاولت الاستفادة من قوانين التطور من خلال قواعد الصحة النازية (إبادة المعاقين والمتخلفين عقلياً وأعضاء الأجناس الأخرى) ومن خلال محاولات تحسين النسل عن طريق التخطيط وعقد زيجات أو تنظيم علاقات إخصاب تؤدي إلى إنجاب أطفال آريين أصحاء.

الإنسان كائن ثقافي

لقد أطلق الفلاسفة والمفكرون الاجتماعيون القدماء من أرسطو إلى ابن خلدون علي الإنسان أنه كائن مدني أو اجتماعي بالطبع. ويتفق اليوم مختصو العلوم الإنسانية والاجتماعية، كعلماء النفس والانثروبولوجيا والاجتماع، على أن الإنسان **"كائن ثقافي"**، أي أنه الكائن الوحيد الذي يتميز عن غيره من الكائنات بنسق معقد يسميه هؤلاء: **"نسق عالم الرموز الثقافية"**، وعلي هذا المستوي يتفوق الإنسان تفوقاً كلياً علي عالم الحيوانات والحشرات، ومن بين مكونات هذا النسق الرموزي عند الإنسان:

اللغة المكتوبة والمنطوقة

القيم

المعايير الثقافية

والمقدرة علي استعمال أدوات المعرفة والعلم ورموزهما.

فهو الكائن الوحيد الذي يتمتع بانساق رفيعة المستوي في المجالات الرموزية وأهمها: الدين، وهو كذلك فريد في تميزه بالمقدرة علي التفكير وتطوير عالم الأفكار إلى مستويات جد معقدة ومتشابكة التركيبة.

فهذه الخاصية الثقافية الجوهرية في طبيعة الكائن البشري، أصبحت العامل الرئيس الذي يستعمله، بصفة خاصة، علماء الانثروبولوجيا والاجتماع في فهم السلوك الإنساني وتفسيره علي

المستويين: الفردي والجماعي، فبالنسبة لهم، فكما يتأثر سلوك الحيوانات والطيور والحشرات، بعامل الغريزة البيولوجي يتأثر سلوك بني البشر الي درجة كبيرة بمؤثرات المعطيات الثقافية المشار إليها هنا، وهذه الرموز الثقافية التي يتميز بها الانسان لا تكاد تخلو من لمسات دينية (ميتافيزيقية). فمثلاً، القيم كرموز ثقافية مشبعة هي الأخري باللمسات الروحية الأزلية وقيم: العدالة والحرية والمساواة مثال علي ذلك. فالناس عندما يطالبون بممارسة هذه القيم في الواقع الاجتماعي، طالما يستوحون ذلك من عالم الدين: فالاسلام، مثلاً، جعل قيمة العدل قيمة مطلقة. فالعدل واجب لصالح العدو أو ضد النفس، وهكذا.. ...

الإنسان في القرآن:

بكل وضوح، فإن الإنسان في القرآن خليفة الله في الأرض، قال تعالى: "**وَإِذْ قَالَ رَبُّكَ لِلْمَلائِكَةِ إِنِّي جَاعِلٌ فِي الْأَرْضِ خَلِيفَةً قَالُوا أَتَجْعَلُ فِيهَا مَنْ يُفْسِدُ فِيهَا وَيَسْفِكُ الدِّمَاءَ وَنَحْنُ نُسَبِّحُ بِحَمْدِكَ وَنُقَدِّسُ لَكَ قَالَ إِنِّي أَعْلَمُ مَا لا تَعْلَمُونَ**" (البقرة:30)

الإنسان إذن تبوأ مكانة الخلافة، لا من خلال عملية التطور التي نادى بها دارون واتباعه، بل نتيجة منحة إلهية تمثلت في تفضيل

الإنسان بمشيئة الإله عن بقية الكائنات الأخري في الكون، قال تعالى: "**وَلَقَدْ كَرَّمْنَا بَنِي آدَمَ وَحَمَلْنَاهُمْ فِي الْبَرِّ وَالْبَحْرِ وَرَزَقْنَاهُمْ مِنَ الطَّيِّبَاتِ وَفَضَّلْنَاهُمْ عَلَى كَثِيرٍ مِمَّنْ خَلَقْنَا تَفْضِيلاً**" (الاسراء:70).

فالاختلاف في مسألة الإنسان اختلاف جذري هنا. فبينما يؤكد القرآن ذلك، تجنح الرؤية الداروينية لاستعمال مؤثرات حركة التطور الطبيعية كعوامل حاسمة في تحديد معنى كلمة: "**إنسان**"، وبذلك تقطع الداروينية بحدة روابط الإنسان بالسماء. وأول هذه الروابط "**التعليم الإلهي**" فالعقل البشري – وفق هذه النظرة المادية – ليس فيه أي محتوى قيمي أو معرفة، بينما القرآن يؤكد أنه تلقَّى تعليماً إلهياً، قال تعالى: "**وَعَلَّمَ آدَمَ الْأَسْمَاءَ كُلَّهَا ثُمَّ عَرَضَهُمْ عَلَى الْمَلائِكَةِ فَقَالَ أَنْبِئُونِي بِأَسْمَاءِ هَؤُلاءِ إِنْ كُنْتُمْ صَادِقِينَ**" (البقرة:31)، وقال تعالى: "**اقْرَأْ بِاسْمِ رَبِّكَ الَّذِي خَلَقَ * خَلَقَ الْأِنْسَانَ مِنْ عَلَقٍ * اقْرَأْ وَرَبُّكَ الْأَكْرَمُ * الَّذِي عَلَّمَ بِالْقَلَمِ * عَلَّمَ الْأِنْسَانَ مَا لَمْ يَعْلَمْ**)(العلق: 1 – 5).

وفكر علماء النفس السلوكيين المعاصرين مثال من بين أمثلة فكرية على ذلك، فالعقل عندهم ليس إلا صندوقاً أسود لا شيء فيه، ويخلو تماماً مما نسميه: "**الرموز الثقافية**". المنظور الإسلامي إذن يتعارض مع المذاهب الفكرية القديمة والحديثة التي تفرغ طبيعة

الانسان من الرصيد الرموزي الهائل المودع فيه في أعماق تركيبته ككائن عاقل. فلا الداروينية ولا السلوكية ولا المادية التاريخية يمكن أن ترضى عنها الرؤية القرآنية.

وقد كان لهذا الانحياز لما هو مادي في الإنسان، على حساب ما هو إلهي، آثار سلبية على العلم نفسه، فتحاشى علماء النفس السلوكيون مثلاً، دراسة العمليات العقلية لأنها في نظرهم تصعب دراستها بالمقاييس الحسية، وتحيَّز علماء الاجتماع من جهتهم الي اعتبار أن المؤثرات الخارجية ذات طبيعة قاهرة بالنسبة للسلوك الاجتماعي. وبذلك تبنى الكثير من مختصي العلوم الاجتماعية والإنسانية منظوراً ميكانيكاً للسلوك الإنساني علي مستوي الفرد وعلي مستوي الجماعة، فأصيب بذلك عالم الرموز في الصميم من حيث مدي تأثيره علي السلوك البشري، وأُفرِغ بالتالي من أي مدلول غير حسي يربط الإنسان بعالم ما وراء الطبيعة المادية.

ومنذ الخمسينات تعرضت أطروحة المعرفة الحسية لانتقادات متزايدة بخصوص مصداقيتها كمعرفة، ولعل نقد عالم اللسانيات الأمريكي المشهور نعوم تشومسكي للسلوكيين في تفسيرهم لآليات تعلم اللغة عند الإنسان، كان الحدث البارز الذي ساهم في حفز المختصين في العلوم الإنسانية للاهتمام أكثر بعالم الرموز. ويجمع

الناقدون على أنه قد حان الوقت لتغيير نظرتنا الي العلم، وتغيير نظرتنا للعلم يترتب عليه بالضرورة تغيير نظرتنا للإنسان وثقافته.

ولعل من الاعترافات المهمة التي تكشف عن درجة الجموح المادي الذي وصلت إليه الأيديولوجيات الأوروبية، بسبب إنكارها الأصل الإلهي ومفهوم الفطرة، ما جاء في كتاب: "**الإنسان الجديد في أوروبا الفاشية**" لبيير ميلزا وآخرين، وفيه يدرس مؤلفوه مفهوم "**الإنسان الجديد**" الذي برز في القارة الأوروبية بعد الحرب العالمية الأولى إثر تجربتين استبداديتين شهيرتين تمثلت إحداهما بالنازية في ظل هتلر والثانية بالفاشية مع موسوليني.

وفكرة "**صناعة الإنسان الجديد**" ترافقت تاريخياً مع مشاريع أرادت خلق واقع جديد باسم مبادئ مختلفة جعلت كلها الإنسان "**هدفاً**" مثل الإصلاح اللوثري الذي نادى به مارتن لوثر، والثورة الفرنسية الكبرى عام 1789، لكن مفهوم "**الإنسان الجديد**" وجد صداه، وتم تبنيه أيضاً من قبل أنظمة استبدادية عرفتها أوروبا خلال سنوات العشرينات والثلاثينات من القرن الماضي مثل الهتلرية والفاشية.

هذا "**الإنسان الجديد**" أرادوه دائماً "**شاباً وسيماً وقوياً**" وأضاف له هتلر صفة أن يكون "**آرياً**" بناء على تفوق العرق الجرماني

على غيره من أعراق البشر. لكن قبل هذه الصفات كلها كان هذا "**الإنسان الجديد**" جندياً في خدمة النظام الذي أراد إنتاجه. لكن بكل الأحوال كان رفع شعاره للسيطرة على الآخرين. هكذا لم يتردد النظام الفاشي الإيطالي مثلاً في تحديد هدفه في إجراء نوع من الثورة باسم "**النزعة الإيطالية التحديثية**"، وهذا ما عبّر عنه موسوليني بـ "**إعادة صياغة الشخصية الإيطالية**"، وهذا ما يرى فيه الباحث الإيطالي إيميلو جانتيل نوعاً من "**الدين السياسي يكون موسوليني فيه بمنزلة البابا**".

وذلك على اعتبار أن موسوليني نفسه يجسّد "**الإيطالي الجديد**" لكن هذا "**الإنسان الجديد**" لم يظهر أبداً إنساناً خارقاً أو "**سوبرمان**" حسب التعريف الفلسفي لنيتشه، وإنما بالأحرى إنسان "**عادي**" وإنما عرف واستطاع من خلال إرادته وحدها أن "**يرتفع إلى مصاف الأبطال**".

والنموذج الهتلري لـ "**الإنسان الجديد**" أعطى الأولوية لـ "**النقاء العرقي**" وذلك عبر الخلط بين مفهومين هما: "**العِرق النقي**" و"**العِرق الأسطوري**" للوصول من خلال هذا إلى تأكيد "**تفوق عِرق جرماني ـ أوروبي شمالي يمثل الإنسان الجديد رمزه المطلق**".

لكن بالمقابل هناك مشاريع أوروبية أخرى برزت بعد الحرب العالمية الأولى لـ "**الإنسان الجديد**" مثلها نظام فرانكو في إسبانيا وسالازار في البرتغال، وحيث بدت أهم ملامح هذا "الإنسان الجديد" في كونه "**ذا نزعه قومية وكاثوليكية ومتمسكاً بالتقاليد**". وهكذا مثَّله إلى حد كبير الريفي الذي يحرث حقله ويذهب القداس في أيام الآحاد ويسهر على زوجته وأطفاله (العديدين إذا أمكن).

الفصل الثاني:
الثقافة: المعنى والدور

الثقافة لغة (في **المعجم الوسيط**): الحذق والفطنة، وثقف الشيء: أقام المعوج منه وسواه، وثقف الإنسان: أدبه وهذبه وعلمه، والثقافة: العلوم والمعارف والفنون التي يطلب الحذق فيها. وربما لم تثر كلمة في تاريخ المعرفة الإنسانية مشكلة في تعريفها كما فعلت كلمة ثقافة. ولم يبالغ الباحث عدنان المبارك حين كتب في جريدة: "**الزمان**" العراقية تحت عنوان: "**متاهات المفاهيم عند تعريف الثقافة**"، ورغم ذلك فإن الثقافة أصبحت من المفاهيم الأساسية لما يسمى اليوم بالعلوم الإنسانية، وأكبر تعميم لقيه هذا المفهوم في القرن العشرين.

وكلمة: "**الثقافة**" العربية لا تملك ذات المعنى القاموسي الذي تحمله الكلمة اللاتينية: "**كولتورا**". إلا أن المفهوم السياقي للكلمتين، العربية واللاتينية، أصبح منذ أمد غير بعيد، واحدا على وجه التقريب.

47

ويعني الأصل اللاتيني للكلمة الزرع، إلا أن أول من استخدمها بصورة مجازية كان شيشرو الذي سمي الفلسفة بـ "**ثقافة**" الروح.

ومن الواضح أن هذا الفهم المبكر للثقافة ارتبط بتصور الجهد الداخلي الهادف لصياغة التفكير بأسلوب شبيه بالتحولات التي تدخلها يد الإنسان علي الهيكل الطبيعي للعالم الخارجي، وهو فهم يتصل بكل من: الاختيار والترجيح والقصد. وقد شاع استخدام الكلمة عبر قرون طويلة إلى أن استخدم الفرنسيون مصطلح "**الحضارة**" أو "**المدنية**" الذي قصدوا به كامل المنجزات الاجتماعية في مجالات التقنية والعلم والفن والأجهزة السياسية. وقبلها كانت تستخدم الصفة: "**متحضر**"، "**متمدن**"، ومعها كلمتا "**بولي**" وتعني: الصقل، والثانية جاء أصلها من كلمة: "**بوليس**" اللاتينية، وهي منحدرة من أصل يوناني "**بوليتيا**" أي النظام الاجتماعي المتعارض مع ما أسموه بـ: "**شريعة الغاب**" والفوضى في العلاقات الاجتماعية بين الأقوام البدائية. ويذكر هذا الأمر، بدوره، بالتعارض الأقدم بين: "**الزرع**" و"**الطبيعة**".

في أوربا القرن الثامن عشر اعتبرت "**الحضارة**" نقيضاً للحالة "**الطبيعية**" التي تعيش فيها الأقوام الفطرية. وكان يؤخذ بهذا التعارض وفق المعايير الأخلاقية "**الكنسية**"، فمرة كان يفسر لصالح الحضارة

وفي أخري لصالح الطبيعة كما في مفاهيم جان جاك روسو. ومن المرجح أن الفضل في إشاعة كلمة: "**الثقافة**" يعود إلى الشاعر والفيلسوف الألماني يوهان هيردير.

وهو يرسم صورة دارونية لكفاح الأنواع ويحدد الشروط التي كان علي الإنسان أن يشق فيها طريق وجوده مستغلاً مهاراته. ويري هيريدر أن الأسلوب الذي اتبعه الإنسان هو بمنزلة تأريخ ثقافته التي تملك حصة فيها حتى أكثر الشعوب بدائية. واعتقد هيريدر أن الآلية الرئيسة للثقافة توجد في التقاليد المعتمدة علي تحديد نماذج السلوك. وبهذا مهّد الطريق لعلم الاجتماع المعاصر القائل بأن الإنسان يتأنسن من خلال التربية.

وهنا تأتي أهمية لفظ "**ثقافة**" لدراستنا عن ثقافة السلام، فهي مفتاح من مفايتح التغيير نحو الأفضل بسبب دورها في تغيير السلوك الإنساني. وحسب عدنان المبارك فإن تعريف الثقافة تنازعته نزعات شتى حتى وصلنا إلى مفهوم تنوُّع وتكافؤ الثقافات الذي أصبح العنصر الجوهري للنظريات المعاصرة قد شق طريقه ببالغ الصعوبة في فترة سيادة مفاهيم عصر التنوير الأوربي، والأخرى المرتبطة بنظريات التطور والقائلة بالتطور "**التقدمي**" ذي الخط الواحد للتأريخ، أي القائل بأن التاريخ يسير بشكل خطي، تسبق فيه أمم أمماً أخرى،

ويتبع السابق فيها اللاحق بشكل دائم، دونما اختلاف بيّن في المسار.

وقد وصف المؤرخ الألماني غوستاف كليم الثقافة — وتحت تأثير فولتير — بأنها: **"مجموعة الظواهر التي نلمسها في العادات والمعتقدات والأشكال النظامية"**. وكانت كلمة: **"الثقافة"** شائعة في الأدب الإنجليزي، رغم تعدُّد التفاسير.

ولنذكر هنا المعركة التي دخلها ماثيو أرنولد في ستينيات القرن التاسع عشر، مهاجماً أنصار الثقافة الشائعة التي أسماها بـ **"البريق السطحي"** للتحصيل اللغوي التقليدي، أما هو فوجد الثقافة الحقيقية **"فضولاً فكرياً، وسعياً غير نفعي صوب الكمال، ومنطقة للقيم الأخلاقية والجمالية المتناقضة مع قبح حضارة الفحم والفولاذ، أخلاقيات الركض وراء الثروة والسطوة السياسية، وعالم البرابرة الأرستقراطيين ومادية البوروجوازيين و(الرعاع) أيضاً .. فالثقافة هي كل ما يكون الأفضل"**. وهذا التعريف الغائي الذي يجعل الثقافة "وسيلة" للأفضل هو من أقرب التعريفات إلى المعنى المقصود بالثقافة في تعبير: **"ثقافة السلام"**.

وإن عدنان المبارك يعتبر أن كتاب الباحثين الأمريكيين كريبير وكلوك حول مفاهيم الثقافة وتعاريفها من أفضل المؤلفات في هذا

الحقل. ووفق هذين المؤلفين هناك ستة تعاريف للثقافة أو بالأحرى ستة أبعاد تبرزها شتي التعاريف وهي:

الوصفي

التأريخي

السايكولوجي

البنيوي

المعياري

التكويني

أما الوصفي فمثاله تعريفا أدوارد تايلور، أولهما أن "**الثقافة أو الحضارة هي كلّ مركب يشمل المعرفة والمعتقدات والفن والأخلاق والقوانين والأعراف، كذلك القدرات الأخرى والعادات المستحكمة لدي الناس كأعضاء في المجتمع**". وتعريفه الثاني، أن الثقافة: "**ذلك الكل المركَّب المعقَّد الذي يشمل المعتقدات والمعلومات والفن والأخلاق والعرف والتقاليد والعادات وجميع القدرات الأخرى التي يستطيع الإنسان أن يكتسبها بوصفه عضواً في مجتمع**"، أما التعريف التأريخي فيؤكد عامل التقاليد كمشرّع للثقافة التي تصبح، هنا، إرثاً وحصيلة.

وفي "**التعريف المعياري**" تكون القواعد هي الخاصية الأساسية للسلوك الثقافي، إضافة إلى ما يسمي وحدة أسلوب الحياة

المميّز لهذه الثقافة عن تلك. أما التعريف السايكولوجي فيراعي الآليات النفسية الناشطة عند تشكيل الثقافة أي عملية التعلم ونشوء العادات. وبين التعاريف السايكولوجية هناك التي تصف الثقافة كجهاز مكيّف (بكسر الياء). أما التعاريف البنيوية فتتميز بالتركيز على الطابع الكلي للثقافات وترابطاتها الداخلية.

فهذه التعاريف تتكلم عن ثقافة معيّنة أو ثقافات مختلفة وليس عن الثقافة عامة. وما يميّز التعاريف التكوينية تأكيدها إيضاح أصل الثقافة ومنحدرها وقضية تعارضها مع الطبيعة، وطابعها كنتاج للتعايش الاجتماعي. فتايلور وجد أن جوهر الثقافة يكمن، رغم كل شيء، في الأصل الاجتماعي للعادات والأعراف. ويري عالم الأنثروبولوجيا الأمريكي الكبير رالف لينتن أن الثقافة تشمل طائفتين أساسيتين من الظواهر هما:

1 – السلوك البشري

2 – الأشياء التي تعتبر نتاجا له.

ذلك أن نطاق الثقافة لا يشمل جميع أنواع السلوك، بل تلك التي صارت عادة اجتماعية، أي السلوك الذي يتميز بالانتظام ومصدره عملية التعلم المميّزة للجنس البشري، وتعتبَر إحدى الآليات الرئيسة لنشوء الثقافة وبقائها وتطورها.

فالثقافة هي في قابلية التعلم وتخطِّي التجربة الشخصية، ووفق التعاريف المذكورة وغيرها يكون الإنسان قد تعلَّم جميع الأنشطة الثقافية، أي أن السلوك الغرائزي خارج نطاقها. ومن الطبيعي أن ليس كل ما يتعلمه الإنسان يعتبر نشاطاً ثقافياً. فقابلية التعلم مشتركة، وعلي نطاق كبير، بين الإنسان والحيوانات الأخري. إلا أن التعلم لدي الحيوان يبقي تجربة مستقلة لا علاقة لها بالتجارب السابقة والمقبلة علي السواء. فقابلية التعلم وتخطي التجربة الشخصية جعلتا الإنسان خالقاً للثقافة ومتكيفاً لشروط الحياة فيها. لكن هذه القدرة على التعلم ومن ثم في مرحلة تالية، اكتشاف الإنسان قدرته على خلق الثقافة كانت التربة الخصبة التي نشأت فيها أمراض الصراع كموقف مسبق مخطط واع.

والقدرة علي الأخذ والعطاء فيما يخص التراث والتي يتميز بها الإنسان، سواء أخصّ الأمر الأشياء أم قواعد السلوك ونماذجه، تكون قائمة في أسس الطابع التراكمي للثقافة. وهناك تعريفان أساسيان الأول حدّده تايلور، والثاني المناويء له، يرفض تفسير الظواهر الثقافية كنوع معيّن من السلوك الإجتماعي ونتاجاته. ولا يمكن، بالطبع، تجاهل حقيقة أن الثقافة واقع خارجي ذو تأثيرٍ طاغٍ علي الإنسان.

وهناك تعاريف وسط بين التعريفين المذكورين، وأكثرها انتشاراً التعريف الذي حدد صيغته النهائية رالف لينتن ويعتمد علي

التفرقة بين الثقافة الفعلية والأخري "**التجريدية**"، ويقول إن الثقافة "**نظام التصرفات المكتسبة**". ولا يستطيع أي مجتمع أن يتقدم ويزدهر حتى يعرف المكوِّنات الثقافية التي تتحكَّم به وتُنَمِّط تفكيره وتحدِّد اهتماماته وتوجِّه نشاطه، فالثقافة بهذا المعنى أسلوب أو طريقة الحياة التي يعيشها أي مجتمع بما تعنيه من: تقاليد، وعادات، وأعراف، وتاريخ، وعقائد، وقيم، واهتمامات، واتجاهات عقلية وعاطفية، وتعاطف، أو تنافر، ومواقف من الماضي والحاضر، ورؤى للمستقبل، وهي طريقة تفكير وأنماط سلوك ونُظُم ومؤسسات اجتماعية وسياسية وما يعيشه المجتمع من انفتاح أو انغلاق.

فالثقافة بهذا المحتوى، هي في الغالب لا تأتي قصداً من الأفراد، وإنما يكتسبها الناس امتصاصاً من البيئة منذ ولادتهم، وإذا اكتسبوها بالقصد فإن قصْدهم يكون محدَّداً بالبرمجة من الأهل والمجتمع، فهم يتشرَّبون ثقافة أهلهم ومجتمعهم مثلما يتشرَّبون اللغة الأم ويحكمون على كل شيء وفق المعايير السائدة التي امتصوها امتصاصاً تلقائياً، وامتزجت بعقولهم ووجدانهم .. فهي تحركهم بمخزون اللاشعور ولكنهم يتوهمون أنهم يفعلون ذلك بمحض اختيارهم وإرادتهم، ويجهلون أن مصدر هذه الثقة "**البرمجة الراسخة**" فيظلون مأخوذين بما تبرمجوا عليه، ولا يخطر على بالهم أن يرتابوا فيه أو يراجعوه، ومن هنا تمايزت أوضاع المجتمعات.

وتنوُّع الثقافات هو الذي يحدِّد تنوُّع المجتمعات، فإليه تعود الاختلافات الكثيرة والكبيرة في الأحوال والأوضاع وطُرق التفكير وأنماط السلوك، كما أن التنوع الثقافي هو الذي يحدِّد المستويات الحضارية للمجتمعات، وهو السبب في هذا التفاوت الشاسع في درجات التخلف أو التقدم، ومع كل هذا التعقيد الشديد لمفهوم الثقافة فإن أكثر القراء يتوهمون أن (الثقافة) مفهوم شديد الوضوح جَرْياً على ما اعتادوا عليه في الحس العام، وهو حسٌّ مبنيٌّ في الغالب على ثقافة المشافهة وليس مبنياً على المعرفة العلمية الممحَّصة، فيبقون واثقين من صحة فهمهم ويظلون واهمين بأن المفهوم لا يحتاج إلى بحث ولا تعريف.

ولقد بلغت كثافة مفهوم الثقافة، وتعقيدات مضمونه، وتعدُّد عناصره، وتنوُّع محتواه، واختلاف موصوفه، وتباين درجات مدلوله، أن فرعاً علمياً بأكمله تستغرقه محاولة تعريف هذا المفهوم المحوري، وتحديد دلالاته، وإبراز نتائجه، وتتبُّع آثاره، وبسبب هذه الأبعاد الدلالية الزاخرة بات يتردد في الكتابات أن له أكثر من مائة تعريف، إمعاناً في تأكيد غموضه والتباسه. ولم تقتصر محاولات جلاء هذا الكائن الكُلّي المركَّب على علماء: الأنثربولوجيا الثقافية، والاتنولوجيا، وعلم الاجتماع بتفريعاته المتعدِّدة، وإنما واجهت المفكرين في كل مكان معضلةُ عجز كثيرٍ من المجتمعات عن التفاهم أو عجزها عن

الإفلات من قبضة التخلف، وكانت هذه المعضلة حافزاً للمفكرين للتعرُّف على محفّزات النمو ومعوِّقاته فاحتلَّ مفهوم الثقافة بؤرة الاهتمام وبات قاسماً مشتركاً بين المعنيين بالإصلاح والمهتمين بالتنمية والمشتغلين بالفكر. لقد امتد الاهتمام بالتباينات الثقافية إلى فروع معرفية واسعة ومتنوعة، وشارك مثقفون كثيرون من كل الثقافات في محاولات شرح هذا المفهوم وتقريب مدلولاته وتأكيد أهمية المعرفة الفردية الراقية داخل الثقافة الواحدة، لأن التكامل بين إبداع القلة واستجابة الأغلبية من أهم عوامل الازدهار.

لكن هذا التفاعل، كان دائماً، سلاحاً ذا حدين إذا كان بالإمكان – في حالات كثيرة – بناءً عليه أن تتحكم القلة المبدعة في الأغلبية، وقد أدت الدراسات على هذا التأثير إلى اكتشاف الفعل الحاسم للثقافة السائدة في أي مجتمع وكونها تتحكَّم بعقول وعواطف وأوضاع المجتمعات وتعمل على استمرار هذه الأوضاع، ومن هنا خطورة "**تقديس**" الأوضاع السائدة ورفض أي مسعى لتغييرها بناء على معايير قيمية دينية أو أخلاقية أو إنسانية.

إن مفهوم الثقافة إطارٌ عام جامع، وتتحرك داخل هذا الإطار الواسع كل الثقافات الإنسانية في دوائر أو أُطُر متمايزة ذات تنوعات شاسعة ومستويات حضارية متباينة، وتقوم بينها أحياناً

حواجز وعوائق يصعب تجاوزها أو اختراقها أو النفاذ منها، والثقافات تتنوع تنوعاً شديداً، فبعضها ذو أُطُر أو دوائر مغلقة لا تتفاعل مع الدوائر أو الأُطُر الأخرى، وبعضها فضاءات مفتوحة تأخذ وتعطي، أي أنها تتغذى من الثقافات وتغذيها. إن الثقافات عوالم متمايزة تشكّلَتْ بظروف تاريخية وسياسية واجتماعية وطبيعية مختلفة وتكوّنت بفعل مؤثرات كثيرة ومتنوعة فجاءت هي بهذا الاختلاف والتنوع.

والفلاسفة أدركوا منذ العصر اليوناني أن لكل مجتمع ثقافة يتشكل بها عقله تختلف عن ثقافات المجتمعات الأخرى، وأن الاختلافات الشديدة الملحوظة بين المجتمعات تعود إلى هذا التنوع الثقافي. فالثقافة إذن أكبر من الأفراد وهي نتاج الاجتماع الإنساني، والإنسان يكتسبها ويتطبّع بها دون اختياره، فهي تسيِّره، وتحدِّد ماهيته، وترسم نمط تفكيره، وتبني نماذج سلوكه، وتصنع مسارات اهتماماته، وترتِّب منظومة قيمه، فهو يكتسبها امتصاصاً تلقائياً بوصفه عضواً في مجتمع وليس بتخطيط منه سواء كان أمياً أم متعلماً، أما ما يفعله عن قصد بعد بلوغه الرشد، فهو يأتي في الغالب تأكيداً لما كان قد تَشَكَّل به في طفولته، فنمو المعرفة يشبه نمو الشجرة.

إن النمو في النبات يكون امتداداً للبراعم الأولى، وكذلك الإنسان، يتشكل عقله في الطفولة، أما ما يأتي بعد ذلك من أفكار ومعارف ومعلومات فيتحوّر ويتكيّف ليبقى امتداداً للتّشكُّل الأول،

أو يظل طلاءً خارجياً غير ممتزج بالبنية الذهنية، فلا مكان في العقل ولا في الوجدان لما ليس امتداداً لما هو مغروسٌ في الطفولة، إلا في حالات استثنائية نادرة، حين يكون الفرد قادراً على استقلال التفكير والنهوض بعبء المراجعة والتدارك والتصحيح وإعادة بناء الذات .

إن قابليات الأفراد غير المحدَّدة عند الولادة تتحدَّد بالبيئات التي ينشأون بها فيكتسبون تلقائياً بهذه التنشئة المتمايزة: لغاتٍ مختلفة، وطرق تفكير مختلفة، وعادات مختلفة، واهتمامات مختلفة، وقيماً مختلفة، وانتماءات مختلفة، وأنماط سلوك مختلفة، وأخلاقاً مختلفة، وتقاليد مختلفة، لكنهم يغفلون عن كل هذه الاختلافات، باستثناء إدراك الاختلاف اللغوي، فهم يدركونه بداهة لأنه اختلافٌ صارخ ولا يتطلب أي استقصاء، فيدركه الأميون مثلما يدركه المتعلمون، لكنهم في الغالب لا يدركون أن كل عناصر الشخصية الفردية الفكرية والسلوكية تتطبَّع بهذه الاختلافات الثقافية.

والثقافة هي ذلك الكائن المعقَّد العجيب الذي لا نراه لكنه يغمرنا كل الوقت، بل يسري فينا مسرى الحياة، ويحدِّد طبيعتنا بعد أن كانت مجرد قابلية، فالفرد لا يذكر كيف تعلَّم لغة أهله وقومه، فهو حين يكبر يجد نفسه يتكلم بهذه اللغة أو تلك، ومثل ذلك يقال عن كل العناصر الثقافية التي شكَّلته، فبها يعتقد وبها يفكّر وبها يحب ويكره وبها يوالي ويعادي. إن الثقافة التي تخلَّق بها وعيه هي التي

تصوغه وتتحكَّم بعقله وتوجِّه وجدانه، فهو نتاجها واكتسب منها طبيعته الثانية، إنه متطبّع بثقافة أهله وقومه، وهو لا يتذكَّر كيف صاغته، فجعلته منتمياً إليها وذائباً فيها ومغتبطاً بهذا الانتماء والذوبان.

وبسبب هذا التعقيد والأهمية كثرت تعريفات الثقافة، فمثلاً، ويسلر يعرّفِها بقوله: "**الثقافة كل الأنشطة الاجتماعية في أوسع معانيها مثل اللغة والزواج ونسق الملكية والاتيكيت والفن**".

ويعرّفِها مرة أخرى فيقول: "**الثقافة هي أسلوب حياة تتبعه الجماعة أو القبيلة تتضمن مجموعة المعتقدات**".

أما روث بندكت فتعرِّف الثقافة بأنها: "**ذلك الكل المركَّب الذي يشمل العادات التي يكتبسها الإنسان كعضو في مجتمع**".

أما بواز فيعرّفِها بأنها: "**ذلك الكل المركَّب الذي يشمل العادات الاجتماعية في جماعة ما، وكل ردود أفعال الفرد المتأثرة بعادات المجموعة التي يعيش فيها، وكل منتجات الأنشطة الإنسانية التي تتحدد بتلك العادات**".

أما بوقاردس فيعرّفِها بقوله: "**الثقافة هي المجموع الكلي لأساليب الفعل والتفكير لجماعة اجتماعية، وهي تمثل مجموع التقاليد والمعتقدات والإجراءات المتوارثة**".

أما لووي فَيُعَرِّف الثقافة بأنها: "ذلك المجموع الكلي لما يكتسبه الفرد من مجتمعه، تلك المعتقدات والأعراف والمعايير الجمالية وعادات الطعام والحرف التي لم يُعَرِّفها الفرد نتيجة نشاطه الابتكاري، بل عرفها كتراث الماضي ينتقل إليه بواسطة التعلُّم الرسمي وغير الرسمي".

ويُعَرِّفها مالينو فسكي بقوله: "الثقافة هي ذلك الكل المتكامل الذي يتكوَّن من الخصائص البنائية لمختلف المجموعات الاجتماعية من: الأفكار الإنسانية، والمعتقدات، والأعراف، والحرف، والأدوات".

ويُعَرِّفها هير سكوفيتس بقوله: "الثقافة هي طريقة حياة الناس" في مجتمع معيَّن.

أما بانزيو فيُعَرِّف الثقافة بأنها "ذلك المجموع الكلي لذلك النسق الكلي من: المفاهيم، والاستعمالات، والتنظيمات، والمهارات، والأدوات، التي تتعامل بها البشرية مع البيئة لإشباع حاجاتها".

أما بدني فيُعَرِّفها بقوله: "الثقافة تتكوَّن من السلوك ومن الأفكار التي يكتسبها الأفراد من خلال المجتمع".

أما راد كليف بروان فيرى أن الثقافة: "**هي عملية اكتساب التقاليد الثقافية وهي العملية التي تنتقل بها: اللغة، والمعتقدات، والأفكار، والذوق، والمعرفة، والمهارات، والاستخدامات، في مجموعة اجتماعية معينة أو طبقة اجتماعية من جيل إلى آخر**".

ويُعَرّفها سابير بأنها: "**مجموع الممارسات والمعتقدات المتوارثة اجتماعياً التي تحدِّد جوهر حياتنا**".

ويُعَرِّف بارسونز الثقافة بقوله: "**إن الثقافة تتكوَّن من تلك النماذج المتصلة بالسلوك وبمنتجات الفعل الإنساني التي يمكن أن تورث بمعنى أن تنتقل من جيل لجيل، بصرف النظر عن الجينات البيولوجية**".

فمفهوم الثقافة إذن هو مفهومٌ محوري يتضمن: الأفكار والتصورات الموروثة والعادات والقيم والمواقف السائدة في مجتمع معيَّن.

وحسب **معجم مصطلحات العلوم الاجتماعية** فإن: "**تعريف الثقافة في علم الاجتماع بأنها البيئة التي خلقها الإنسان**" وضمن ذلك "**المنتجات المادية وغير المادية التي تنتقل من جيل إلي آخر، فهي بذلك تتضمن الأنماط الظاهرة والباطنة للسلوك المكتسب عن طريق الرموز، والذي يتكون في مجتمع معين من علوم ومعتقدات وفنون وقيم، وقوانين وعادات، وغير ذلك**".

وهذه المجموعة من التعريفات التي تركز على الثقافة كفاعل مؤثر في السلوك، ودورها الكبير في تحسين سلوك الإنسان وترقيته بشكل مقصود هي مدار بحثنا لثقافة السلام.

الباب الثاني:
الإنسان والحرب

الفصل الأول:
الإنسان والحرب في العصور القديمة

في كتابه: **"لماذا تتحارب الأمم: دوافع الحرب في الماضي والمستقبل"**، يذكر الباحث الأمريكي ريتشارد نيد ليبو أستاذ الذكرى المئوية بكلية لندن للاقتصاد والعلوم السياسية، أن العنف العنف الذي تمارسه جماعة ما ضد أخرى، يمثل ممارسة موجودة منذ قديم الأزل. يمكن تمييز الحرب عن العنف بأهدافها السياسية ومفاهيم الأطراف المشاركة فيها حول طبيعتها الخاصة. تم شن الحروب الواسعة النطاق من قبل الامبراطوريات القديمة. وعلى مر القرون بدأت تخضع لقواعد معينة على نحو تدريجي. في العالم القديم، كانت الحرب المبنية على القواعد أقوى ما تكون في اليونان القديمة، حيث كانت تمثل وسيلة مقبولة لتسوية الخلافات حول: المكانة، الشرف، والأرض. كانت حروب الأزتيك أيضاً محددة النمط للغاية، كما كانت موجهة إلى خدمة أهداف سياسية ودينية. والمثير أن ريتشارد نيد ليبو يذهب إلى أن الاتفاقيات السياسية والعسكرية للأزتيك ربما كانت مسئولة عن

هزيمتهم أمام الإسبان، أكثر من امتلاك الإسبان الخيول والأسلحة النارية.

وكما تشير الحقيقة التاريخية السابقة، فإن من اليسير أن نقرر أن "**السلام ثقافة**" و"**الحرب ثقافة**"، بقدر ما هي على المستوى السياسي اختيار وعلى المستوى الميداني القتالي مهارة وقدرة على القتال. ورغم أننا لا نعرف الكثير عن الحرب في عصور ما قبل التاريخ (والكلام للباحث الأمريكي ريتشارد نيد ليبو)، إلا أننا نستطيع أن نفترض على نحو معقول أنها نشأت عن صراعات على: النساء، وآبار السقي، وأراضي الصيد، والأراضي التي اعتبرت ذات قيمة لأسباب دينية أو اقتصادية. وفي وقت مبكر، أصبحت الحرب الوسيلة الرئيسة التي يسعى من خلالها الشبان ومجتمعاتهم إلى الحصول على الشرف، والهيبة، والمكانة.

ولاحقاً، نجد العسكرية ── كرؤية اجتماعية وثقافية ── أصبح لها منذ وقت مبكر فلاسفة ومتخصصون وواضعو نظريات، وقد بدأ الألمان ذلك منذ بسمارك وتوالت نظرياتهم العسكرية فيما بعد ذلك حتى انتهاء الحرب العالمية الأخيرة، ورغم أن الإنجليز كانوا أقل اهتماماً من الألمان في هذا المجال، فإن "**الفلسفة العسكرية**" هي التي تغلب على مؤلفات ونستون تشرشل إلى حد إيمانه بأن "**التاريخ تصنعه**

المعارك الكبرى". كما أن الفيلد مارشال مونتوجومرى انكب بعد انتهاء الحرب العالمية الأخيرة على كتابه ملحمة عسكرية تاريخية عن تاريخ الحروب فى العالم القديم والوسيط والحديث.

ولأن الحرب ظاهرة "**إنسانية**" قديمة قدم المجتمع الإنساني نفسه، ولأن الدوافع إلى قيامها لم تختلف كثيراً فى العالم القديم عنها فى العالم الحديث، فقد حظيت بالاهتمام والدراسة من جانب العسكري والمؤرخ الاقتصادي وعالم الاجتماع، وذلك لأنها لا تخص مستقبل الجنود فقط بل مستقبل حياة مليارات المدنيين.

ومن ثم أدركت الأمم الكبرى أهمية هذه الدراسات فأنشأت لها المعاهد والأكاديميات، وخصصت لها أساتذة وعلماء وأصبح هناك تخصص معروف وهو الدراسات الحربية، وليس كل هذا بكثير على الحرب، فهي ظاهرة غير عادية تقرِّر مصير الإنسان والاقتصاد، وما يتلو ذلك من مآسٍ سياسية واجتماعية منها ما هو مباشر، ومنها ما يتخلف لسنوات مستقبلة حيث يؤثر فى كافة تيارات الأمة ويشكل تاريخها لعدة قرون.

ويعرف المؤرخون جيداً أن أهم خطرين على الإنسان فى العصور القديمة كانا: انتشار الوباء وقيام الحرب، ولقد أمكن التقدم العلمي فى مجال الطب الإنساني الحديث من السيطرة على انتشار

الوباء بل القضاء عليه، لكنه لم يستطع حتى اليوم التغلب على قيام الحروب لدرجة أن بعض المؤرخين المتشائمين راحوا يرددون أن الحرب حتمية على بني الإنسان، تفرضها عليهم قوى خفية أشبه بقوى القدر، وأن حماية الله هي وحدها القادرة على وقفها، بل آمن فريق آخر بأنها ظاهرة طبيعية للحفاظ على العدد المعقول من سكان الأرض، وبدون قيامها سوف يزداد عدد السكان لدرجة تهدد بقيام المجاعات، لكن هذا الرد مرفوض، لأن التقدم العلمي لم يشمل بعد كل جنبات الأرض ومصادرها من بحار وصحارى وغابات وربما — من يدري — إلى الكواكب الأخرى!!!

بداية الأرستقراطيات العسكرية الحاكمة:

إن نتائج معظم الأبحاث التى أجريت على هذه الظاهرة تكاد تتفق في أن الحرب انفجار سياسي يؤدي إلى القتال، وأن هذا الانفجار يحدث عادة نتيجة لتفاعل عوامل كثيرة، أهمها العوامل الاجتماعية والاقتصادية ونظم الحكم في البلاد، وبالتالي فإن الحرب صراع سياسي بالدرجة الأولى. لكن دراسة الحرب قديماً تقتضي تناول علاقتها بالبنية السياسية للدول قديماً ودورها في بناء الحضارات وانهيارها.

كثيراً ما يقال، وكأنما هذا القول سنة من سنن الطبيعة، إن الحضارات تقوم ثم تعيش عصرها ويكون مصيرها بعد ذلك الزوال. ولا شك أن دراسة التاريخ دراسة سطحية تؤيد هذا الرأي الي حدٍ ما، فالواقع الذى لا مراء فيه أن كل الحضارات القديمة زالت من الوجود. ونستطيع أن نؤكد هنا أن الشعوب التى اعتلت خشبة المسرح في أماكن عديدة من خريطة العالم قديماً كانت كلها من الشعوب المقاتلة التى احتلت مراكزها بطريق الغزو، والحق أن الحضارات القديمة لم تسمح لها الظروف أن تعمر طويلاً دون تعرُّضٍ لهجوم خارجى، بل سرعان ما كان يهاجمها شعب مقاتل من هنا أو من هناك، ويحاول إبعاد الأسرة الحاكمة، وكانت محاولته هذه تكلل بالنجاح في بعض الأحيان.

وفي حالة الشعب الذي أسَّس ممالك أكاد في جنوب بابل فليس هناك شكٌ كبيرٌ في أمره، فقد جاء من مكان آخر، وتمكَّن بمرور الوقت من السيطرة على بابل وعيلام المجاورة لها، ثم مدَّ فتوحاته إلى البحر الأبيض وآسيا الصغرى. ويعتبر ملكها الأعظم سارجون (2550 ق.م)، وذريته من بعده، أول جماعة مقاتلة حاكمة عرفها التاريخ.

وابتداء من هذا الوقت قُدِّر للحضارات الكبرى في بلاد الشرق القديم أن تتعرض لغزوات مقاتلة تفد من وراء حدودهم،

ونذكر من هذه الجماعات المحاربة "**الكاسين**" اللذين جاءوا من سنة 1760 إلى 1100 ق.م. وكانوا أسلاف الجماعة الكبرى من الأرستقراطيات المحاربة التى تتكلم اللغة الآرية، وقد احتلت أعمالها صفحات التاريخ خلال قرون كثيرة. ومن الغزوات الهامة الأخرى للشعوب المحاربة غزوة **الهكسوس** الذين احتلوا مصر سنة 1680 ق.م تقريباً، ثم طردوا من البلاد سنة 1580 ق.م، وإلى **الكاسين** **والهكسوس** يرجع الفضل فى استخدام الحمار هذا العهد دابة للحمل لا مطية، كما أن العربات لم تكن معروفة لديهم. وقد تعلَّم المصريون من **الهكسوس** القتال، وأصبحوا بعد رحيلهم أكثر دراية بفنون الحرب.

وأهم الشعوب الأوربية — ابتداء من منتصف الألف الثانية قبل الميلاد (1500 ق.م) — هي الشعوب الناطقة باللغة الآرية مثل: **الدوريين والكلت والتيوتون**، تلك الشعوب المحاربة التي ظلت قروناً تهدد سلم الحضارات الكبرى فى حوض البحر المتوسط، والتي استطاعت في حالات كثيرة أن تدمر حضارات شرق البحر المتوسط، فغزو **الهكسوس** لمصر مثلاً كان له صدى في كريت، إذ بدأت حضارتها تضمحل في ذلك الوقت تقريباً. وما بدأه **الهكسوس** أتمه

الدوريون الذين اندفعت أسرابهم من الشمال إلى بلاد اليونان وأهلكوا الآخضر واليابس من حضارة كريت الرائعة.

أما الحركة الكبرى للشعوب الناطقه باللغه الآرية في أوربا، ففي الإمكان إرجاع تاريخها إلى زمنٍ ما في العصر البرونزي حول بدء ألف السنة الأولى قبل الميلاد، وأهم شعب من هذه المجموعة القديمة من الشعوب هو الجماعة الناطقة باللغة الكلتية، وأول مكان سُمِعت أخبارهم فيه هو وسط أوروبا حيث تمكنوا من التوسع والانتشار، وما إن جاء القرن الخامس قبل الميلاد حتى وطدوا سلطانهم على كل هذه الرقعة، وفي القرن الرابع قبل الميلاد أصبحوا خطراً يهدد بلاد البحر المتوسط ثم غزوا أسبانيا، ولا شك أنه كان في مقدورهم أن يعيدوا مغامرات أسلافهم في البحر المتوسط نفسه، لولا أن الرومان وقفوا في وجههم.

و**الرومان** شعب يتكلم الآرية، وكان قد اكتسب قدراً كبيراً من ثقافة البحر المتوسط من **الاتروريين** و**الإغريق** و**القرطاجنيين**. غير أن **الرومان** أنفسهم كان مصيرهم الوقوع في براثن جماعة أخرى من الشعوب الآرية هم **التيوتون** الذين خرجوا من اسكنديانفيا ودانت لهم أوروبا بعد سقوط الامبراطورية الرومانية، وكادوا يسحقون حضارة البحر المتوسط.

ومن الواضح أن هذه الحركة تختلف كل الاختلاف عن الحركة الأولى التي أقامت فيما مضى مجتمعات متحضرة في المناطق النائية من الأرض. كانت تلك الحركة الأولى منبعثة من مركز متوسط ومتجهة نحو الخارج، لأن أقدم تاريخ عرفناه للحضارة كان في بلاد الشرق القديم وكان أصحاب الحضارة البائدة يوسعون دائرة تحركهم نحو الخارج حتى شملت حركتهم أكثر جهات العالم تقريباً. أما الحركة التي نتناولها فهي من نوع مختلف لأنها تتجه أساساً صوب الداخل، فالأرستقراطيات العسكرية المحاربة من: **الهكسوس، الساميين، الدوريين، الآكيين، الكلت، والتيوتون،** وغيرها، جاءت كلها من الحدود الخارجية للحضارة واتجهت نحو الداخل. الأمر الذي يتضح منه أن كل هذه الجماعات كان همها السطو على حضارات قائمة من قبل.

وما إن ظهرت هذه الجماعات على مسرح الوجود حتى بدأ عصر الحروب الحقيقية. وبعد أن كان العالم منصرفاً إلى فنون السلم، لا يكاد يشغله أي نوعٍ من القتال أصبح الآن ميداناً لنضال مستمر أودى بكثيرٍ من الحضارات العظيمة إلى الدمار والاضمحلال.

ومن الممكن أن يقال إن مثل هذه الشعوب المقاتلة كانت قائمة منذ أن كانت هناك حضارة ما، وقد يبدو هذا القول سليماً،

لأن هذه الشعوب ظهرت أول ما ظهرت في بلاد الشرق القديم سنة 2550 ق. م. عندما تأسست أسرة **سارجون** ملك **أكاد**. فإذا كانت شعوبٌ محاربةٌ من هذا النوع قد جالت في بلاد العرب والأقاليم المجاورة في تلك الأيام، فلماذا نستبعد وجود غيرهم في أماكن أخرى؟ ولماذا نستبعد حدوث تطوُّرٍ ثقافي من نوع مختلف عن ثقافة الشرق القديم في مكان آخر، نتيجة قيام الجماعات المحاربة التي عرفها العالم؟

وفإذا حددنا كيفية نشأة هذه الشعوب المحاربة، ربما استطعنا فهم ثقافة الحرب على نحو أفضل. ولا بد أن نقرر أن الحرب لم تكن معاصرة لقيام الحضارة، بل إنها اتخذت مظهرها العنيف في مرحلة متأخرة من التقدم البشرى، فهى إلى حد ما نتيجة من نتائج التطور الاجتماعى.

وكخطوة أولى نحو حل مشكلة هذه الأرستقراطيات العسكرية المقاتلة، نذكر أن الظاهرة التي أشرنا إليها في إيجاز فيما يختص بأوروبا وشرق البحر المتوسط، هي في الحقيقة حدث شمل العالم كله. فكل الحضارات العظمى تداعت أركانها في نهاية الأمر نتيجة غزوات شنتها عليها أقوام مقاتلة من وراء الحدود. ولسنا ندري من أين جاء **الهكسوس والكاسيون**، وغيرهم، ولكننا نعلم الكثير عن

الشعوب التي جاءت بعدهم مما نستطيع أن نسترشد به في محاولة استقصاء الماضي. ولسوف نجد بالإضافة إلى ذلك أن مسلك هذه الارستقراطيات المحاربة هو مسلك واحد في العالم كله حيث إن ما فعلته شعوب التتار والقبائل الذين اندفعوا إلى قلب أوروبا كقبائل الهون والآفار وغيرها يطابق ما فعتله شعوب **التيوتون** أو قبائل **البانتو** الأفريقية، فالكتاب واحد تغيرت فصوله. وهذه الظاهرة المشتركة بين تلك الشعوب تمكِّننا في يُسر من أن نرسم صورة كاملة لنشاطها في كل أنحاء العالم.

من ملامح صورة المحارب قديماً:

بطبيعة الحال، فإن الحرب كما ساهمت في بناء دول وحضارات فقد صنعت جنودها وطقوسها، ومع ظهور الأرستقراطيات العسكرية الحاكمة بدأ الجندي يتحول إلى "**نجم**" مجتمع وصورة براقة لرجل الطبقة الحاكمة أو على الأقل "**ظلها**"!

ومن ثم تعامَل الإنسان مع فكرة الصراع والحرب تعاملاً ينطوي على تبجيل، فكانت له طقوسه قبل الحرب أثناءها وبعدها.

وعلى مر التاريخ حاول الإنسان التعبير عن الحروب والتعامل معها، حتى قبل أن يعرف الكلمة المكتوبة. وهو ما تجلّى فى فنون الكلمة من أساطير وملاحم التشكيل وفنون الحركة من رقص وإيماء، وكذلك فنون الموسيقى والإيقاع. وما زالت جدران الكهف الشهير "**التاميرا**" باستراليا تحفظ لنا أول ما سجله الانسان بريشته: ذلك الثور المقوس الظهر والبطن .. أقوى ثور رسمه الإنسان حتى الآن.

كما كانت منحوتات الآشوريين لأسود قوية بمرحلة أكثر تقدُّماً. وقد حلت مصارعة الثيران محل مصارعة الأسود في مرحلة متقدمة وإلى الآن، إلا أن قبائل "**ماساي**" الأفريقية تجعل قتل الأسد احتفالية لها طقوسها المتميزة، مثلما أصبح "**الماتادور**" في أسبانيا الآن، رمزاً لكل البشر، يذكرهم بأجدادهم أيام مصارعة الأسود وحروبه الصغيرة.

وفي التراث الشعبي لأمم الحضارات القديمة، تجنح المثولوجيا الهندية "**البراهما**" الى مزاج حربي حاد، حيث يمجد الحرب ويزكي الصراع من أجل انتصار الانسان والحياة في نهاية الامر. أما الميثولوجيا الصينية فتجنح فى معظمها إلى إذكاء السلم، ربما، بتأثير التعاليم البوذية المضادة لمفهوم الحرب. كان "**كونفوشيوس**" يقول: "**الجنرال العظيم حقاً هو الذي يكره الغزو وليس حقوداً انفعالياً**".

وجرت العادة في معظم الحضارات المعروفة على توافر بعض الطقوس المشتركة، كأن يتم تقديم القرابين الكثيرة قبل المعارك وبعدها، والمدهش أن بعض القبائل والأمم القديمة تقدم القرابين من الأسرى وجزءًا من الأسلاب التي يحصلون عليها، وغالباً يتم ذلك وسط فرحة وتهليل أفراد الشعب داخل المعابد أو خارجها، وفي حضور رجال الدين والقادة.

في دراسة انثربولوجية لقبيلة "**شاكو**" الهندية بقلب أمريكا الجنوبية، رصد العلماء ما يمكن أن نعتبره جملة من الطقوس التي يتبعها طرف ما قبل المعارك وأثناءها وبعدها في العديد من المناطق بالعالم القديم. قبل الهجوم، ترسل القبائل بعض الشباب لجمع المعلومات ودراسة نقاط الضعف والقوة عند القبيلة الآخرى. وهو ما يمكن أن نطلق عليه الآن "**فنون الاستطلاع الحربي**". ثم يتم اتخاذ قرار الحرب وتحدد الخطة حيث يقسم الشباب إلى مجموعات صغيرة بقيادة أحدهم. وتبدأ عملية الإخفاء والتمويه. وليلة اليوم الأول لبداية الحرب يمضونها في الرقص والغناء والموسيقى الحماسية على آلاتهم الإيقاعية، وأهم ما يهتمون به دهان أجسادهم ووجوههم باللون الأحمر (لون الدم)، ولا تبخل السيدات بجهدها في طهي أشهى الأطعمة، وتقديم الشراب وكأنها ليلة عرس!

ولاحظ العلماء أن الرايات تلعب دوراً هاماً فى المعارك، وأن اللون الأبيض هو لون الانتصار. وتلك القبائل لا تعرف فكرة الاحتلال ويكتفون بالغنائم وجمع الأسرى حيث يكلفون بانجاز الاعمال الشاقة فيما بعد. ولعل توزيع الغنائم من أكثر الطقوس شيوعاً في الحروب القديمة. وبينما عرفت بعض القبائل والحضارات القديمة أن معيار تقسيم الغنائم على المحاربين هو عدد الأسرى أو عدد الأيدى المقطوعة من الأعداء!

عملت بعض الأمم الآخرى الأكثر رقياً على الاستفادة من هؤلاء الأسرى كقوة اقتصادية.

الحرب والسلام في الحقبة اليونانية الرومانية:

ما من شك فى أن التاريخ اليوناني/ الروماني يحتل مكانة متميزة فى دراسة التاريخ الإنساني، وبخاصة فيما يتصل بتطور الفكر السياسي والاجتماعي، ومن ينكر مثلاً إسهام فلاسفة الإغريق من أمثال أرسطو صاحب كتاب "**السياسة**"، وأفلاطون صاحب "**المدينة الفاضلة**" في محاولة معالجة أزمة مشكلة الحكم؟ وأى كتاب فى علم السياسة والاجتماع يبدأ بالفكر اليوناني والروماني، فالرومان هم فقهاء

العالم الأول وموجدو **"القانون الدولي"** الذي إليه تحتكم الدول فى صراعاتها السياسية؟

وقد كانت **"الحرب"** شيئاً هاماً بالنسبة للدويلات الإغريقية كما كانت عماد الامبراطورية الرومانية حتى فى أزهى عصور السلام الروماني، ولم تكن الحرب سواء بين الدويلات اليونانية أو في الامبراطورية الرومانية أمراً مجرداً بل ظاهرة ذات جذور ممتدة في كل جوانب المجتمع القديم بأسره، وهذا يعطينا معلومات قيمة عن هذه الظاهرة الهامة.

وحسب الفيلسوف البريطاني برتراند راسل، فإن المشكلة الرئيسة فى العالم القديم لا تزال هي نفسها المشكلة فى العالم الحديث والمعاصر، وهي مشكلة الحرب والسلام ومسئولية السياسين والحكومات فى الحفاظ على السلم ومنع نشوب الحرب، كما أن إميل روستوفتزف — أحد أعمدة التاريخ اليوناني الروماني — يرى أن أحداً لا يستطيع أن يتفهم التاريخ المعاصر ما لم تكن لديه فكرة واضحة عن تطور نظم الحكم فى العالم القديم، كذلك يرى آخرون أن هناك ثمة علاقة بين أفول كل حضارة وبزوغ حضارة وريثة لها، فى منطقة أخرى من العالم، وإذا صح هذا الرأي فإنه دليل قوى على وجود فكرة الإحساس بالمجتمع الدولي ودليل على قيام علاقات دولية.

وفي الحقب القديمة من التاريخ، اتسمت العلاقات الدولية بالعداء السافر لكن أول معاهدة في التاريخ بين دولتين كانت معاهدة سلام، ففي عام 1978 قبل الميلاد، وبعد أن انتصر رمسيس الثاني على ملك الحيثيين طلب الحيثيون عقد معاهدة سلام، وقد نقشت على لوح من الفضة وفيها: "**مشروع مقدم من ملك الحيثيين خيتار ابن ماسار قائد الحيثيين العظيم القوي على لوحة إعلان من الفضة أن أوسر ماعت رع أمير مصر العظيم مشروعا للسلام والأخوة الأبدية من البدء إلى النهاية أبدياً، حتى الاتفاقية بين أمير مصر العظيم ابن من بختي رع وقائد الحيثيين: ألا فليأذن الله ألا تحدث عداوة بينهما طبقاً لهذا المشروع**".

ورغم مثل هذه السوابق التاريخية، فإن فلاسفة التاريخ فشلوا فى الاتفاق على رأي واحد بخصوص الاتجاه الذي تسير فيه أحداث التاريخ، ففريق يرى أن التاريخ يسير في اطراد تقدمي، بينما يتمسك آخرون برأى قديم: أن الأحداث تعود إلى الوراء إلى النقاط التى بدأت منها، وفريق ثالث لا يرى هذا ولا ذاك، فالتاريخ يسير في خط حلزوني أى يجمع بين تكرار الحوادث والخط التقدمي، ولكن كلا من هذه الآراء يقوم على وجهة نظر لها ما يؤيدها، ولا يوجد رأي تتمثل فيه كل الحقيقة، ولهذا فإن المشكلة متروكة برمتها لكل صاحب طاقة فى العلوم الإنسانية، وكل مجتهد في علم التاريخ.

وأقرب الآراء التى عبرت عن حقائق تاريخية قول فشر عن أحداث التاريخ بأنه "**لا يرى سوى أزمة تتبع أزمة كموجة تلاحق أخرى**" وإن أحداث التاريخ تؤكد قول فشر، ولو تتبعنا الأحداث التاريخية بالبحث والتحليل لوجدنا أن الحرب وراء كل حدث، وهي نتيجة لحدث سابق، ومسببة لحدث لاحق، حتى الأحداث التاريخية التى لم تنتج من حروب ليست فى الواقع سوى نتائج بعيدة المدى لحروب قديمة، لأن الحرب مستمرة ومتعددة والنتائج التاريخية متعلقة بها ومسببة عنها.

وإن من يقسم التاريخ اليوناني الروماني إلى فترات، ليجد أن الحروب سادت في ثلاثة عشر قرناً بينما ساد السلام في قرنين فقط، وللحروب عادة أسباب سياسية واجتماعية ضاربة العمق فى المجتمعات، وعلى أى حال: لننظر لما قال أحد المتخصصين فى تاريخ الشرق القديم وهو ج.ب جرندى: "**حروب ... حروب ... حروب. ولا شئ غير الحروب ... بعضها محدود وبعضها متسع..**" أما بالنسبة للتاريخ اليوناني الروماني فقد قال تزمرن: "**لقد كانت الحرب فى الولايات اليونانية جزءًا طبيعياً من حياتها كالرياضة واللهو بالنسبة لنا**"، وقد تعاطف تزمرن مع اليونانيين القدماء، وحاول التخفيف من كلمة حرب بل إيجاد عذر للحروب القديمة كما يقول هو: "**إن الحرب لم تكن ببساطة سوى طريقة عادية لقضاء بعض**

الوقت فى معسكر فى الربيع المبكر، لكننا نعلم أن للحروب اليونانية نتائج مروعة خلفت البؤس والفقر والتفكك السياسي.

ويبدو أن المؤرخين الأوربيين عندما نظروا إلى الحرب القديمة هذه النظرة البسيطة كانوا تحت تأثير **"حروب العصور الوسطى"** التى كانت تدور فى شكل مهذب، وقد رفض أرنولد توينبي رأياً قديماً لباكون قال فيه: **"إن الحروب الخارجية مثل عملية التسخين التي تجعل الجسم مستعداً للرياضة"**، ووصف هذا الرأى بأنه أكثر الآراء سفسطة وتزويراً للتاريخ.

إن حروب القرن الثامن عشر ليست إلا ومضة خاطفة، وبخاصة بعد أن اخترعت الأسلحة وتطورت صناعتها لتكون أكثر مقدرة على القتل والدمار، يقول جيتل: **"لقد قامت حروب ضارية جعلت المنهزمين وممتلكاتهم تحت رحمة المنتصرين، حتى الديانة في هذه العصور كانت تبحث عن استئصال أو استبعاد الشعوب المهزومة، وحتى أجساد القتلى كان يحلو للمنتصرين تشويهها، أما الأسرى فقد كان يروق للمنتصرين تعريضهم لأسوأ أنواع التعذيب، وكثيراً ما سجل المنتصرون أخبارهم فخورين ومتباهين بالفظائع التى أنزلوها بأعدائهم"**. إن هذا واضح فى التاريخ اليوناني الرومانى، ونحن نعلم البربرية التى كانت تتسم بها الحروب الرومانية، أما

الإغريق فعلى حد تعبير فريمان "كانوا يتحاربون وكأنهم أعداء شخصيين".

وإذا كانت تلك هي النتائج المباشرة فناهيك عن النتائج غير المباشرة من: تفكك سياسي، وانحلال اجتماعي، وبؤس اقتصادي، لقد كانت الحرب بالنسبة للدويلة اليونانية الصغيرة دماراً شاملاً لها، وكان شبح الحرب دائما يهدد "**الحضارة اليونانية**"، والحق يقال أن المفكرين الإغريق قد أحسوا بهذا الخطر وبكوا تباكوا على دمار الحرب، وبخاصة مفكرو أثينا فى القرن الخامس قبل الميلاد، حيث بلغ الفكر والحضارة اليونانية قمتهما، لقد أدان كتاب المسرح الإغريقي الحرب وبخاصة شعراء التراجيديا اليونانية حيث يقول الشاعر المأسوى ايسخولوس — ذلك التقى الورع — "**إن الحرب كالرجل المعتوه الذى يحاول أن يسخر من خلق الرب**"، وفاق الشاعر المأسوى الثائر المتمرد يوريبيديس سلفه ايسخولوس استنكاراً للحرب حيث نقل إلى المسرح دمار الحرب وخرابها، وقد فعل ذلك بعقلية المثقف الذى يمثل نهاية عصر عظيم.

ولم يكن مؤرخو أثنيا فى هذا العصر أقل إحساساً بخطر الحرب ولا أقل إدراكاً لمشاكلها، فقد خصص هيرودوت دراسة عن الحرب الفارسية اليونانية، وهو عندما يتحدث عنها، يتحدث بجدية

وأسى أبعد مما عرف عنه من رومانسية وخيال، فيقول هيرودوت: **"لقد حلَّ ببلاد اليونان خلال الأجيال الثلاثة من عهود دارا وكسيركسيس وارتاكسركيس مصائب أكثر مما حل بها خلال العشرين جيلاً التي سبقت دارا – كان بعض المصائب مسبباً عن الفرس، والبعض الآخر مسبباً عن الصراع بين قادة اليونان حول السلطة العليا"**.

والحق يقال أن أكثر التحليلات عمقاً للحروب اليونانية يجئ بين سطور كتابات المؤرخ العلمي ثوكوديديس مؤرخ الحروب البيلوبونيزية التي اشتغلت رحاها بين أثينا وأسبرطة، وانتهى القرن الخامس قبل الميلاد بمصائبها وأهوالها، وقد وصف كوكرين تعليقه بأنه من أشد الإدانات والاستنكارات للحرب إذ يقول ثوكوديديس عن الحرب: **"إنها همٌ لا يزول وغمٌ لا نهاية له"**.

ومن يقرأ النصوص اللاتينية في كتب قيصر وما رواه المؤرخ تيتوس ليفيوس ليجد أن التاريخ كله يدور حول الحروب والمعارك، ويعتقد بعض المفكرين أن تـَعاقُب الحرب والسلام ظاهرة لا يمكن إنكارها، بل يذهب بعضهم إلى أن تعاقُب الحرب والسلام أمر محتم كتعاقب الليل والنهار، وهنا يجب أن نتوقف: فمثل هذا التشبيه تشبيه مغالط فنحن لا نستطيع أن نوقف تعاقب الليل والنهار، ولا

نستطيع أن نجد له علة إنسانية أي ليس للإنسان طرف فيها، ولكن ظاهرة الحرب والسلام ظاهرة تقوم أساساً على قرارات يتخذها الإنسان بنفسه ويحسمها بنفسه، فوحدة **"الليل والنهار"** طبيعية، أما وحدة **"الحرب والسلام"** فإنسانية.

كما أننا لا نستطيع أن نأخذ برأي متشائم مثل رأى كريتون القائل بأننا: **"لن نستطيع أن نتخلص من الحرب"**، صحيح أن دارس التاريخ اليوناني الروماني لا ينكر أهمية مكانة الحرب فى حوليات التاريخ، وأن الحرب تنبعث من بعضها البعض وتتابع فى سلسلة من الأحداث التاريخية، لكن من الأفضل للمؤرخ أن يركز على عامل أكثر شمولاً من ظاهرة الحرب، ألا وهو **"السياسة"**، فالحكومات هي التي تعلن وتوجِّه وتُنهي الحرب. وقد حدد فيلسوف العصر برتراند راسل مهمة الحكومات والأساسية بأنها: **"إدارة الحروب وتحقيق السلام"**، عندئذ يحق لنا أن نعتبر التاريخ العسكري جزءًا لا يتجزأ من التاريخ السياسي، وإذا قلنا إن الحرب جوهر التاريخ، لجاز لنا أن نقول إن الحرب جوهر **"التاريخ السياسي"**.

فمشكلة السياسة هي كيف يتحقق السلام، فإعلان الحرب من جانب الدولة يتأتى بعد دراسة وتفهُّم وتقدير للعوامل التي تسير بالأحوال السياسية من الحرب إلى السلام، وبالنسبة للتاريخ اليوناني

الروماني يجب أن نرفض مجهودات هؤلاء الذين يحاولون أن يقدموا لنا التاريخ اليوناني الروماني على أنه سلسلة معارك ولا شئ غير ذلك، بدون تحليل أو تفسير، لأن الواجب علينا أن نحلل كيف ولماذا حدثت الحروب في العالم القديم، ونبحث عما إذا كانت هناك عوامل بعيدة تؤثر في سير الحروب، وعما إذا كانت هناك قوانين اجتماعية أو بشرية تتحكم في الحرب أو تسبب في حدوثها، وعما إذا كانت هناك فرص لتفادي هذه الحروب الدامية.

ولا يستطيع المؤرخ أن يكون صادقاً مع الحقيقة لو نادى بالسلام المطلق الأبدي والعزوف عن الحرب أيا كانت صورتها، لأن ذلك لا يتماشى مع منطق التاريخ، فلو اعتدى معتدٍ أو هدد بالاعتداء على ممتلكات المواطنين فإنه لمن الواجب أن يهب المواطنون للدفاع عن ممتلكاتهم لأن الاعتداء على الوطن، الذى هو "**الوحدة السياسية**" الكبرى للمواطنين، هو في الحقيقة اعتداء على ممتلكات ومصالح أفراد المجتمع، فالحرب هي العلاج الأخير الذى لا يستخدم إلا في الحالات التي لا علاج فيها، والسلام لا يمكن أن يكون فعلياً وفعالاً إلا إذا التزمت به الأمم كافة، فالحرب دفاعاً عن النفس حقيقة مشروعة.

وفى حالات كثيرة من التاريخ القديم، وبخاصة التاريخ الرومانى، نجد "**عاطفة المجد**" أو بناء الدولة العظمى أو الامبراطورية هي الإحساس العاطفي الذي يسود في المجتمع، ويبرز ذلك في كتابات المؤرخين الذين كتبوا عن هذه لحرب والدفاع عن "**عظمة الوطن**"، وهذا يضلل المؤرخ ويجعله لا يعرف كيف يتبين ما إذا كانت هذه الحرب "**عدوانية**" أو "**دفاعية**". ومن دراستنا للحروب القديمة نجد أنه من النادر أن قامت حرب بسبب "**الدفاع**" أو ما يسمى بـ: "**الحرب المانعة**"، بينما هناك حروب لفكرة أخلاقية، فمثلاً، نجد المؤرخ لاست يبحث عن عذر أخلاقي للتوسع الروماني، وهو العذر نفسه الذى قدمه جيبون، وهو أن "**الأمم الهمجية فى هذا العالم هي العدو الأكبر للمجتمع المتحضر**".

كما أن أرنولد توينبي يقبل الحرب التي تعلن من أجل هدف أخلاقي أو من أجل العدل الاجتماعي ويعتبرها حرباً مشروعة، لكن مثل هذه التشريعات صعبة التطبيق بالنسبة للحروب في العالم القديم، وإذا كانت كتب التاريخ تحفل بالمعتدين وما أنزلوه وسببوه من دمار وآلام للإنسانية، فإنها كثيراً ما تقلِّل من قدر ما نال وما نزل بهؤلاء المعتدين من عقاب وجزاء، إن ظاهرة الحرب العدوانية عامة في التاريخ.

كما أن الحرب أمر لا تُعرَف عواقبه، فالذي يذهب ليدمر غيره، كثيراً ما ينتهي به الأمر بتدمير نفسه، ويسجل لنا المؤرخ ثوكوديديس قول أحد السياسيين الإغريق في جدل عن الحرب: "**يجب أن تقدر أحداث الحرب قبل أن تشعلها. فعندما يتقدم سيرها تصبح عملاً متوقفاً على الفرص والحظ**"، لأن الحرب في طبيعتها دون سائر الأشياء لا تسير طبقا لقواعد محددة ... فهي تقوم على القدرة على مواجهة أمر طارئ ... فهي تجبر الرجال أن يفعلوا أشياء لم تكن في الحسبان أو كانوا لا يرغبون في فعلها ... كما أنها تميل إلى إحداث نتائج ليس للمنطق فيها نصيب، وينطبق ذلك تماماً على الحروب التي كانت تقوم بين المدن اليونانية، وهي حروب دمرت الكثير من جوانب الحضارة اليونانية ذاتها، وهي في وصف جرندي "**صراع انتحاري**" ناتج من الطيش وعدم النضوج الفكري والسياسي.

الفصل الثاني:
روافد ثقافة الحرب قديماً

في سبيل بناء "**السلام**" تكون هناك حاجة ملحة لإخضاع الحرب للتحليل كظاهرة "**مرضية**"، ففي العالم القديم كانت ترجع أسباب قيام الحروب في العالم القديم إلى عوامل، في مقدمتها اضطراب النظام السياسي والفوضى التي كانت تعم العالم نتيجة غياب قانون دولي ينظم سلوك الدول تجاه بعضها البعض، كما ترجع أيضاً إلى الفوضى السياسية التي كانت تسود دويلة المدينة في العالم القديم، وبخاصة رغبة بعض هذه الدول في التوسع واستيعاب المدن الصغرى المجاورة لها، وربما كانت المشكلة في العالم القديم أكثر تعقيداً من العالم الحديث.

ومن الغريب — رغم تقدُّم العلوم الإنسانية عند الإغريق — أنهم لم يكونوا على وعيٍ كامل بمفهوم "**الدولة السياسية**"، فعند أفلاطون وأرسطو كانت الدولة هي "**المجتمع**"، وعندما قال أرسطو إن الإنسان حيوان اجتماعي بطبعه كان يعني أن الإنسان حيوان سياسي بطبعه، وأنه بدون "**المجتمع**" لا يعني شيئاً، وثمة شئ آخر هو أن

الإغريق وضعوا ولاءهم لواجباتهم السياسية فوق أي أخلاقيات، ولهذا انهمكوا في حروب كثيرة، أما عند الرومان فقد تطوَّر الفكر السياسي وعرف الرومان معنى الدولة السياسية، وذلك نتيجة تطور علم التشريع والقانون حيث تحولت: **"عبادة المجتمع"** إلى نظرية سياسية هي **"عبادة الدولة"**.

وقد كانت بلاد اليونان مكتظة بالعديد من دويلات المدن المتجاورة، وكان أقل احتكاك بينها يؤدى إلى اندلاع الحرب، وكان سبب الخلاف دائماً النزاع على الحدود، ما يؤدى إلى إشعال حروب كبرى، وأحياناً نجد هذه المدن الإغريقية المتصارعة تستدعى **"قوة أجنبية"**، لتحالفها ضد مدينة إغريقية أخرى، فمثلاً: استدعت بعض مدن صقلية الإغريقية قرطاجة لأن الدبلوماسية الإغريقية كانت دائماً هي الحرب.

وكان غياب التفاهم والتعاون بين الدويلات اليونانية من أسباب الحروب، وكان تعادُلُها في القوة العسكرية يحول دون وضع نهاية قاطعة لتلك الحروب، وكانت الحرب بالنسبة لدويلة صغيرة شيئاً باهظ الثمن، وبخاصة لأنها دويلات محدودة القوى البشرية والاقتصادية. وعلى حد تعبير دلبرت مورى: **"كانت الدويلة القديمة آلة حرب"** لكن **"لا تعمل، فمعظم الحروب اليونانية الداخلية لم**

تكن حاسمة، من ثم فإنها كانت تعود وتندلع ثانية"، فالغيرة العمياء على حماية الاستقلال وعدم الرغبة في الاندماج السياسي مع الدويلات الأخرى، كان نقطة الضعف في التاريخ السياسي اليوناني.

وعندما نقرأ روائع الأدب اليوناني أو نشاهد بدائع فنه أو نتذوق أفكاره السياسية يجب ألا نقارن هذه الروائع بالسياسة اليونانية. فقد كانت السياسة الإغريقية بربرية أميل إلى العنف، خالية من كل المبادئ والأخلاق. وهذا يبين التناقض بين الواجهة الحضارية والواجهة السياسية، لقد كانت السياسة – والسياسة الخارجية بالذات – نقطة الضعف في ديمقراطية دويلات المدن، ولا يوجد كاتب إغريقي واحد (سوى أيسوقراط في القرن الرابع) اهتم بالسياسة الخارجية وفكر ونادى بوجوب قيام وحدة بين المدن اليونانية. لأن الكتّـاب تمسكوا بالاستقلال والاكتفاء الذاتي.

ونلاحظ ذلك حتى عند المفكرين السياسيين أنفسهم فأرسطو مثلاً، الذي عاش في القرن الرابع، ركز همه كله على السياسة الداخلية، لأنه تمسَّك بشدة بعنصر الاكتفاء الذاتي، وأن على دولة المدينة أن تعتمد على نفسها، دون افتراض التعاون أو حسن النية من جانب المدن الأخرى، وتبع أرسطو معلمه أفلاطون فى افتراض أن الإغريق لا يستطيعون العيش بدون أي نظام سوى نظام دويلات

المدن، وتغاضى أرسطو عن حقيقة أن نظام المدن المستقلة لم ينجح، فهو لا يناقش ضعف النظام، بل يفترض فيه الكمال.

غير أن وجود الامبراطورية الشاسعة لا يختلف عن وجود المدن المستقلة المتصارعة فيما يختص بحظر قيام الحرب، لأننا نجد الامبراطوريات تسعى في بعض الأحيان إلى المبادئ نفسها التي تسعى إليها المدن المستقلة، وهي: الاكتفاء الذاتي والاستقلال، وبالنسبة للمدن اليونانية الصغيرة فوجودها على الحالة نفسها التي عليها من تحفُّظ واستقلال وعدم الرغبة فى التعاون سبب قيام الحروب الكثيرة بينها، ولم تحاول أية مدينة التنازل عن أي شرطٍ من الشروط السابقة (الحرية والسيادة والاكتفاء الذاتي).

ومن ثمَّ، فقد اندلعت الحروب واتسعت رحاها، كما في حالة الحرب البيلوبونيزية، وأدت إلى سقوط دويلات وإلى فشل الحضارة اليونانية في فرض نفسها كقوة سياسية. وهذا يفسره كلمة "**الفوضى**" الشاملة التى سادت بين المدن اليونانية.

ولا تعتبر التحالفات المؤقتة التى قامت بين المدن اليونانية حلولاً لهذه المشكلة، لأنها كانت تحالفات عسكرية قامت لسبب واحد وانتهت بزوال هذا السبب، وكذلك لا تعتبر بعض التحالفات السياسية عنصراً من عناصر الوحدة، لأن مثل هذه الاتحادات كانت

تقوم بين مدن متنافسة متساوية في الحقوق، ومن ثم لم تتنازل إحداهما عن أي حق سياسي من أجل قيام الوحدة الفعلية، بل كان أشبه باتحاد الشركاء الذي سرعان ما يتفكَّك عندما ينشأ أول خلاف.

وعلى أي حالٍ، كانت هناك محاولات من جانب الإغريق للقضاء على التنافر السياسي بين المدن اليونانية، تتمثل في التقدم الكبير الذى شهده العالم اليوناني الروماني في علم القوانين والتشريع، ثم في محاولات إقامة اتحادات سياسية بين المدن اليونانية. كان الإغريق أول من ربطوا بين القوانين وعلم الأخلاق، فالديموقراطية عند الإغريق هي عدالة القوانين. وقد سبق للشاعر الفيلسوف هسيودوس أن أشار إلى عناصر ثلاثة تتحكم في عمل الإنسان هي: العدل، والسلام والتشريع السليم.

وقد أدى تقدُّم علم التشريع والقانون إلى قيام نوعٍ من الوئام الدولي، قللَّ من خطورة الفوضى كما قللَّ من خطر اندلاع الحرب، وظهرت نواة القانون الدولي في العصر اليوناني الروماني كرد فعل لفض المنازعات بين الدويلات أو لتسهيل وضع شروط المعاهدات التجارية. وأبرز القانون الروماني أمراً هاماً هو اعترافه بأن الحرب يجب ألا تقوم إلا لسبب عادل، ويرجع الفضل في ذلك إلى مجهودات الفلاسفة الإغريق في بلورة نظرية: **"قانون الطبيعة"** أو **"القانون الطبيعي"**.

ثم نجد روما تعتبر – فيما بعد – بحقوق للمواطنين الرومان وللإيطاليين على السواء وهو ما سمته: "**حق البشر**" أو "**حق الجنس البشري**". واستفادت روما كثيراً من انتشار التفاهم على مستوى أكبر، ومن الاعتراف بأن للإنسان بعض الحقوق التي لا جدال فيها، فوضعت نظاماً تشريعياً. وبصرف النظر عن التقدم في علم التشريع والتقنين على أساس إنساني، فقد مر التاريخ اليوناني الروماني بتجربة سياسية قلما يشار إليها هي: تبادل حقوق الجنسية بين مدينة وأخرى أو بين أكثر من مدينتين، إذ أصبح من حق كل فرد التمتع بأكثر من جنسية، ما ساعد على الخروج من دائرة التعصب للدويلة إلى دائرة أكبر والتمتع بحقوق على مستوى أكبر من المدينة الدويلة، وأحياناً نجد أمثلة حيث منحت دويلة حقوق المواطنة فيها لدويلة أخرى بكامل سكانها، كان ذلك تمهيداً للقضاء على الخلافات التي سببت اندلاع الحروب، وبداية لتكوين حلف يجمع بين أكثر من مدينة واحدة على أساس تشريعي ثابت، وهذا أيضاً لتجنُّب اندلاع الحروب.

لقد عالج فريمان في بحث قيِّم فكرة قيام الأحلاف أو الاتحادات الفيدرالية عند الإغريق، وذلك بعد منتصف القرن التاسع عشر بقليل، وقد ركز فريمان على قيام **الاتحاد الآخي والاتحاد الأيولي** في القرن الثالث قبل الميلاد، واعتبر الفيلسوف الفرنسي مونتيسيكيو

حلف ليكيا المثل الأسمى للاتحاد، إذ أشار إلى أن مندوبي الحلف كانوا الممثلين الحقيقيين للعناصر السكانية التي تكوَّن منها الاتحاد، ويمكن أن يجادل بعضهم بأن أهل ليكيا لم يعتبروا إغريقاً حتى في الوقت الذي كان فيه حلفهم في قمة اكتماله، لكن في مثل هذا العصر – العصر الهللينستي – لم يعد الجنس هو الذي يحدد الهللينية بل الثقافة، فمثلاً كان المقدونيون أساساً غير إغريق، لكنهم أصبحوا فيما بعد إغريقاً عن طريق الثقافة والحضارة. ويعد دور الثقافة في التقريب بين الشعوب والحضارات دوراً مهماً فهو تأكيد لحقيقة أن الصراع والوفاق إرادة واختيار، بقدر ما هو نتاج عوامل واقعية، وأن السلام والحرب يمكن أن يكونا بديلين متعادلين يرجح كفة أحدهما الاختيار المقصود وليس أي منها قدراً.

وكل هذه العوامل – من تقدُّم فن التشريع والتقنين على مستوى أكبر من الدويلة والاتجاه نحو إقامة اتحادات فيدرالية بين المدن الإغريقية ومحاولات تلك الاتحادات تبادل الجنسيات السياسية، ساعدت الامبراطورية الرومانية، لاحقاً، في تحقيق نظام مركزي، فمنح الشعوب المختلفة حكماً محلياً، وبذلك تجنَّب أخطاء الولايات اليونانية، ونجح في تحقيق سلام دائم وعادل ساد ردحاً من الزمن.

إذن، فدراسة الظروف السياسية عند قيام التحالفات أو الاتحادات الفيدرالية هي جوهر التاريخ اليوناني الروماني، لأن ذلك العامل لا يتوفر في أي منطقة أخرى من مناطق العالم القديم بقدر ما يتوفر عند الإغريق الرومان. وأسهمت روما في قيام الفيدرالية عن طريق تقدُّم العلوم السياسية، كما استطاعت عن طريق بلورة النظرية السياسية للتاريخ السياسي أن تقضي على الفوضى بين المدن اليونانية رغم أنها لجأت في تطبيقها للقوة. وهكذا لجأت روما إلى القوة في النهاية، لأن قيام الأحلاف بدافع الرغبة لم يتحقق، وفي الحقيقة نجح استخدام القوة في تحقيق السلام والوحدة السياسية مهما يقال عن هذا المبدأ ومهما يهاجمه بعض المؤرخين من الناحية الأخلاقية.

وباستثناء بعض الحروب التي خاضتها الامبراطورية الرومانية، ساد السلام إبان القرنين الأول والثاني الميلاديين، وبهذا وضعت روما حلولاً لمشكلة عانت منها الحضارة اليونانية كثيراً. ويحق للمؤرخين أن يطلقوا على الامبراطورية الرومانية صفة العالمية، لأنها حاولت أن تترجم تأملات وأقوال الفلاسفة إلى حقائق سياسية، فحققت السلام العالمي (أو **السلام الروماني**)، ويمكن أن نوجز أفكارنا في عبارة واحدة هي "**أن السلام الروماني وفَّر على كثير من الدول غير الرومانية مهمة إنشاء وحدة فيدرالية تجنبها الصدام والحروب**".

لقد تبين لنا من مناقشة أسباب اندلاع الحروب أن السبب الأول كان يكمن في افتقار الفكر عند الإغريق إلى النضج، وكيف أنهم تأثروا بنزعة التعصب الأعمى لنظام المدن الدول، ثم استطاعت روما أن تستفيد من حقل التجارب الكبير الذي مرت به بلاد اليونان ودول الشرق الأوسط في ميادين الوحدة والإدارة واستطاعت — بفضل تطوُّر علم التشريع وبفضل مشاركة المدارس الفلسفية — أن تقيم هيكلاً سياسياً ضمن استتباب الأمن والسلام.

وبعد الفوضى السياسية يأتي "**التعصب القومي**" كسببٍ من أسباب الحرب، وهي في الحقيقة مشكلة عامة في التاريخ البشري كله، وهي أيضاً مشكلة نفسية، لذا بدأت المدرسة الحديثة في التاريخ تنادي بضرورة الاستفادة من علم النفس، بل يحاول بعض الأساتذة تكوين علم جديد هو: **علم النفس السياسي** لأن علماء النفس يرون أن الحروب تصدُر من الإنسان بدافع الغريزة، إذ مصدرها غرائزي في الإنسان نفسه. ويقول براتراند راسل في ذلك: "**إن الإنسان بدافع الغريزة يقسم الناس إلى أصدقاء يحالفهم وأعداء يحاربهم**"، والذين يقولون إن تصرفات الإنسان عبر العصور، وليدة المنطق والعقل مخطئون في ذلك بلا شك، لأن المنطق وحده لا يحكم تصرفات الناس، بل يشترك في ذلك العامل العاطفي النفسي.

96

وقد هاجم كثير من الفلاسفة القدامى والمحدثين "الإنسان" لهذا السبب ووصفوه بأنه "**شرير**" ونسمع عن كثير من العبارات مثل "**نظرية الصراع السياسي**" أو "**قانون الغاب**"، ومن ثم طابق علماء النفس فكرة أن الإنسان عدواني بطبعه على الدولة وهي النظام الذي يجمع الناس. وقد قال أحد الفلاسفة الأيونيين الذين عاشوا في القرن السادس قبل الميلاد — واسمه هيراكليس من مدينة إفسوس — قولاً مأثوراً، هو: "**إن الحرب مصدر كل شئ ومالكة كل شئ، والصراع جوهر الحياة**". وكذلك نجد أفلاطون الذي كرس جزءاً كبيراً من أبحاثه وكتاباته للشئون الداخلية للمدينة اليونانية يرى أن الحرب حتمية، فيما يختص بالعلاقات السياسية الخارجية بين الدول. وهاتان العبارتان تلخصان وجهة نظر سادت بلاد اليونان وهي أن الحرب ظاهرة عادية في الحياة السياسية، وأن الحرب والسلام كالشمس والمطر، أي أن الحرب والسلام كتقلبات الجو في الطبيعة.

ونتيجة هذه الفكرة، آمن الإغريق بأن سيطرة القوي على الضعيف أمر طبيعي وأن من حق الأقوى أن يحكم الأضعف، ويظهر ذلك بوضوح في الأدب اليوناني القديم. أما المؤرخ ثوكوديديس فقد فلسفها في حوار جدلي، ونطق به على لسان سياسي أثيني يخطط لتدمير دويلة جزيرة ميلوس المتمردة، فيقول على لسان هذه الشخصية التي تبرر عدوان أثينا على ميلوس:

"إن العقيدة تجعلنا نؤمن

والمعرفة تجعلنا نعرف

— أن الآلهة والناس —

— بدافع حتمي نابع من طبيعتهم —

يميلون إلى السيطرة والتحكم كلما أتيحت لهم الفرصة

وليس لدينا إلا أن نستغل هذه الظاهرة جيداً

لأنكم يجب أن تعلموا أنكم أو غيركم سوف يفعل ما نفعل

لو تحقق له نفس القوة".

ورغم أن تدمير ميلوس كان صدمة عاطفية في التاريخ اليوناني، إلا أن أرسطو لم يستنكر هذه المأساة، بل كتب عن الحرب يقول: **"إن فن الحرب مهارة طبيعية للسيطرة والتملك، إنها مثل فن الصيد، وهو فن اعتاد الناس على ممارسته ضد الحيوانات المفترسة، وضد الناس الذين لا يرضخون لهم، رغم أن الطبيعة شاءت لهم أن يكونوا محكومين بواسطة الغير، والحرب — بسبب هذا — إملاءٌ من جانب الطبيعة".**

ومن الغريب أن النظرية نفسها جاءت عند ميكيافيللى عندما برر محاولات التوسع من جانب الدول بأنها أمر طبيعى، إذ وجهة نظر الإغريق هي أن الإنسان **"حيوان مقاتل"** منذ البداية، وليس حيواناً اجتماعياً فقط، وإن الناس منذ الأزل يبغون السيطرة

على طريق القوة والعنف، ويذهب بعض الفلاسفة المؤرخين إلى أن رسالة السلام لابد أن تبحث عن استغلال طاقة الصراع الغريزي في نفس الإنسان وتحويلها إلى مجال سلمي، فمثلاً لعبت المباريات الرياضية بين بلاد اليونان دوراً كبيراً في إقامة حوار اجتماعي وثقافي بين هذه المدن المتنافرة.

لكننا لا ننسى أنه كثيراً ما ظهر حب البشر للعنف وسفك الدماء حتى في هذه المباريات، وبخاصة عند الرومان، وأن الأباطرة الرومان اهتموا اهتماماً كبيراً بمثل هذه الرياضة، لسبب نفساني هو صرف نظر مواطنيهم عن ممارسة العنف، على الصعيدين: السياسي والعسكري، وكمحاولة للتنفيس عما يجيش في نفوس مواطنيهم. الحرب، إذن، في نظر بعض المؤرخين تنفيس نفساني لغريزة **"العدوان"** الموجودة في نفوس الناس، لكن برتراند راسل يرفض هذه النظرية بقوله: **"ليس هناك ما يبرر الاستمرار في هذه البربرية".**

ويخرج المفكرون من تحليل الفرد إلى تحليل الأمة على الأسس نفسها، فالحكومات ما هي إلا كالفرد تحس بإحساسه، ولها أخطاؤه ومزاياه، وبعض الحكومات تندفع نحو الحروب بدافع جنون الجماهير نحو الحرب أو ما يسمى بـ **"هستيريا الحرب"** و **"هستريا الجماهير"**،

وبخاصة في حالات الحروب العدوانية، بصرف النظر عن الجانب الأخلاقي الذي كان دائماً عاملاً ثانوياً في أحداث التاريخ.

وعادة ما تشعل الحروب العواطف الوطنية، وقد قيل إن "**الوطنية هي الغذاء الروحي للحرب كما أن السلاح غذاؤها في ميادين القتال**"، وحب الوطن دافع غريزي فينا، والحرب الدفاعية ما هي إلا نوع من أنواع الوطنية القتالية، ورسالة الوطنية القتالية الدفاعُ عن مصالح الفرد ونظامه السياسي ضد قوى الشر والعدوان. لكن هناك نوعاً آخر من الوطنية، هي الوطنية العنصرية، وهي وطنيات أو مقومات عدوانية تقوم أساساً على الاستعلاء العنصري، وسرعان ما تترجم هذه العاطفة العنصرية إلى عنصرية قتالية عدوانية، ومن هنا تنبع الحرب العدوانية.

والتاريخ اليوناني الروماني، مليئ بمثل هذه الأمثلة لأنه مليئ بالحروب العدوانية، وهو حقل تجارب قد يساعد باحث التاريخ على تفهُّم النزعات العدوانية الحديثة التي يشهدها عالمنا المعاصر مثل: الفاشية والنازية والصهيونية، وقد يكون الباعث لهذه القوميات العدوانية تعصب ديني أو عنصري أو تعصب لنظام أو مبدأ سياسي معين. والعلاقة بين "**العدوان**" و"**العنصرية**" وثيقة الصلة، فكلا منها يؤثر في الآخر، والدافع للعنصرية دافع نفساني يكمن في الإحساس

بأن "**الأجنبي عدو**"، والتمسك بالجنس والدم وتقسيم الشعوب على أجناس سرعان ما يولد التنافر بينها، وقد تتخذ غريزة (الصراع) أو (القتال) الشكل العنصري ومن ثم تتولد الحرب العنصرية، وهناك مؤرخون يتهمون العبرانيين بأنهم المسئولون الأوائل عن إشعال نار القومية العنصرية.

فيقول مايكل جرانت بالحرف الواحد: "**إن مجتمعنا الحديث لم يرث من اليهود الأخلاقيات التوحيدية الكبرى التي قدر لها أن تنتشر، بل توارث عنهم أيضاً العنصرية التي كانت نتاج نعرتهم الدينية، وقد أخذ هذا العامل الأخير منذ البداية الشكل العنصري، وهو أمر مختلق إذا ما راعينا أن اليهود في تكوينهم جنس غير خالص بل مختلط، فاليهود لا يعتبرون أنفسهم فقط "شعب الله المختار" بل إنهم الجنس البشري المختار، أضف إلى ذلك أن حركة التبشير اليهودية قد نجحت في ضم أجناس غير عبرانية إلى الدين اليهودي، وبخاصة بعض القبائل الأوربية التي ينحدر منها اليهود المعاصرون الأوروبيون الذين يطلق عليهم اسم "الشكنازيم"، إذن فقد كانت نعرة اليهود الدينية والعنصرية دافعاً ومسبباً لحروب عدوانية ضد الفلسطينين القدماء والمعاصرين**".

وكثيراً ما نجد حالات تخوض فيها أمم الحرب وراء الملك، ومن أجل الملك، ودفاعاً عن جنس الملك، الذي كان يعتبر دفاعاً عن دينهم، فالملوك عند المصريين كانوا آلهة، كما يدعى **الإغريق** أن جدهم الأول كان ابن إله، وكذلك نجد الإحساس نفسه عند **الرومان** عندما آمنوا بأن رومولوس، جد **الرومان** مؤسس مدينة روما، سليل الربة **فينوس** والرب **مارس** إله الحرب، وادعى ملوك **البطالمة** في مصر أنهم من سلالة الآلهة، بل مارس **البطالمة** عادة زواج الأخ بالأخت حفاظاً على نقاء السلالة الآلهية الحاكمة، كما فعل فراعنة مصر من قبل.

ونعرة الانخراط من جنس أو سلاسة مؤلهة تخرج من نطاق الفرد الحاكم إلى نطاق الشعب بأكمله، عندما يعلن قوم أنهم ينحدرون من سلالة شخصية معينة، فقد ادعى **الدوريون** أنهم ينحدرون من سلالة هيراقليس البطل الأسطورى الإغريقي، وبرروا حربهم العدوانية ضد أهل **البيلوبونيز** الأصليين بأنها حرب مشروعة وسموا غزوهم لهذه المنطقة "**بعودة أبناء هيراكليس**". إذن، نجد الاستعلاء العنصرى يسود بعض دوائر المدن الإغريقية ويساعد في تعصبها وكبريائها. وأيضاً نجد الإحساس بالنعرة القومية يخرج من

حدود الدولة إلى حدود الجنس الشامل، فقد أحس الإغريق عامة باستعلاء عنصري عندما اعتبروا كل من ليس إغريقياً "بربري".

وقد يتساءل الباحث عن أسباب اندلاع الحروب في أثينا خلال القرنين السادس والخامس والرابع قبل الميلاد. وعن دوافع الحماسة والعاطفة لهذه الحروب والحماسة لنظام الأثينيين السياسي أو ما سموه بـ "**الديمقراطية الأثينية**"، وهي تختلف اختلافاً كبيراً عن النظام المعاصر الذي يتخذ هذا الاسم، إذن لم يكن نظام الحكم تمثيلياً برلمانياً، أي لم يكن للشعب ممثلون عنه، بل تعني أن **المواطنين الأحرار** يتمتعون بحق حضور **المجالس الشعبية**، ورغم الدعاية السياسية الضخمة التي بثتها أثينا عن ديموقراطيتها واستغلالها لهذه الدعاية في حربها ضد الأسبرطيين إلا أن النظام الأسبرطي، الدكتاتوري الجماعي لم يختلف كثيراً في الجوهر عن النظام الأثيني المسمى بالديمقراطي، بل ربما اشتق الأثينيون نظامهم من الاسبرطيين، لأننا في كلتا الحالتين نجد نوعاً واحداً من المواطنين يتمتع بحقوق وامتيازات وهم الأحرار الأثينيون في أثينا والسادة الاسبرطيون في اسبرطه، وقد كان هؤلاء "**المواطنون الأحرار** هم جسد الأمة الأثينية وهم الذين تشتعل قلوبهم بالغيرة والقومية والوطنية من أجل مدينتهم.

ونجد أفلاطون عندما يسجل لنا قائمته عن نظام الحكم الإنساني يورد ديمقراطية الأثينين فى نهاية القائمة، لأنه أشار لخطورة الانحراف إذا أسيء استخدام الديمقراطية، فمن السهل جداً إثارة الغوغاء بالخطب الحماسية ذات المواقف الدرامية. وليتجنبوا مثل هذا الخطأ أنشأ الأثينيون مجلساً آخر يناقش الأمور قبل عرضها على **الجمعية العامة**، هو **مجلس الشورى** لكن القوة الفعلية ظلت متمركزة في **المجلس الشعبي** لكثرة عدد أعضائه إذ اعتبر هو "**الشعب**"، وسيكولوجية التجمهر أمر جدير بالدراسة، لأن في التجمهر منطلق للعواطف المجنونة التي تفقد الصواب، ومن ثم فقد دفع ذلك إلى ظهور الديماجوجية في أثينا، ودفعت أثينا ثمن الجنون الذي سببته في الجماهير وفي قراراتها العمياء، وخلاصة القول، أن الهيستريا القومية تكمن في التجمهر، والتجمهر يؤدي إلى العمى.

ولقد أعجب كثير من الكتاب بوطنية الإغريقي لدولته، لكن مثل هذا الاتجاه يتجرد من مميزاته عندما تنقلب الوطنية إلى عدوان وحرب عدوانية، وإلا لما أدان العالم الحديث الفاشية والنازية والصهيونية، وأقام من أجل ذلك محاكمات نورمبرج لمحاكمة مجرمي الحرب من النازيين، وكما ندين الوطنية العدوانية الإغريقية يجب أن ندين الوطنية العدوانية الرومانية، لأنها كانت مصدر الكثير من الحروب ضد شعوب مسالمة، وفى الحقيقة فإن هذه القومية العدوانية

هي المسئولة عن حالة الفوضى السياسية بين بلاد اليونان، إذن فأسباب الحروب العدوانية هي الفوضى السياسية، أولاً، ثم الإحساس بالقومية والوطنية العنصرية ثانياً.

والتركيز على ما هو ثقافي مقابل ما هو عرقي عنصري أحد أهم أسباب تهيئة الأجواء للسلام كسمة للعلاقات بين الأمم، فمثلاً نجد ايسوقراط يقول: **"إن لقب يوناني لم يعد دليل عنصر بل رمز ثقافة"**، وقد أخذت الثقافة تحل محل الجنس في مفهوم القومية الهلينية، ورغم هذا التقدم الكبير في توسيع دائرة الفكر الإنساني، إلا أن النزعة الهللينية العنصرية سرعان ما كانت تتحول إلى وطنية عمياء، وبخاصة عندما تتصادم مع شعوب أجنبية كالفرس وغيرهم من الشعوب غير اليونانية، ممن سماهم الإغريق **"البرابرة"**.

ويأتي تخلخل النظام الاجتماعي كسبب ثالث للحرب، فقد كان اليونان في القرنين السادس والخامس قبل الميلاد يقبلون راضين النظام الاجتماعي السائد وقتئذٍ، وهو النظام الإقطاعي الاستغلالي، ويقبلون أيضا وجود نظام العبيد كحقيقة مسلمة لا تقبل النقد أو المعارضة، كما أن النظام الاجتماعي كان يقوم على أساس الوراثة الإقطاعية كما لقي هذا النظام قبولاً من جانب بعض الفلاسفة مثل أفلاطون وأرسطو، وكلاهما لا يدينان نظام الرق بل يقبلانه ويعترفان

به، ورغم أن نظام الحكم تغيَّر في بلاد اليونان بعد طرد الفرس، وتحوَّل من حكم الفرد إلى حكم الشعب، — وهو ما تعنيه كلمة ديمقراطية — إلا أن النظام لم يتغير في جوهره عما كان عليه سابقاً، وبخاصة في نظرته إلى نظام الرق، فقد حرمت التشريعات الديمقراطية الجديدة العبيد من جني الثمار السياسية أو الاجتماعية التى اكتسبها المواطن الإغريقي، حتى النساء اليونانيات أنفسهن لم يعتبرن "أحراراً" ولم يتمعن بحقوق المواطنة، كما أن عدداً كبيراً من السكان اعتبرهم النظام الجديد غرباء، كطبقة الصناع.

إذن الديمقراطية الأثينية كانت ديمقراطية مغلقة على الذين يسمون أنفسهم بالأحرار فقط (حتى دون نسائهم)، وهم الذين اعتبروا مواطنين كاملين، وفي اسبرطة عاني المواطنون أعباء اقتصادية ضخمة لأن نظامهم السياسي — حيث أقلية عنصرية تحكم أكثرية — أملى عليهم التضحيات في سبيل السيطرة على الموقف، ويرى الفيلسوف أيسوقراط أن المعدمين معذورون في استهتارهم تجاه الدولة.

إن تدخل بعض المدن اليونانية في حروب من أجل إنقاذ طبقة حاكمة في مدينة أخرى يتصل بصراع الطبقات في بلاد اليونان، فقد شاع السخط السياسي بعد تدهور الحواجز التي كانت تفصل بين المواطنين، إذن فالحرب الأهلية الاجتماعية — أو الفوضى

السياسية — في العالم الهلليني أدت أحياناً إلى حروب خارجية، لأن الطبقات الاجتماعية المتقاتلة ساعدت بعضها البعض، عبر الحدود على المستوى الدولي.

وفي بعض الأحيان، نجد الأحزاب الاجتماعية المتقاتلة على استعداد لطلب العون حتى من قوى أجنبية غير إغريقية مثل قرطاجة، وقد كان طلب المساعدات العسكرية من خارج المدن اليونانية ضد طبقات اجتماعية معينة أمراً شائعاً في بلاد اليونان، رغم أن كلاً من الطرفين المتقاتلين كان يدعي تمسكه بالمبادئ التقليدية للمدينة اليونانية: الحرية والاستقلال والاكتفاء الذاتي. وقد شبَّه أفلاطون النظام الأرستقراطي الأوليجاركي بالجسد المريض الذي تتصارع أعضاؤه مع نفسها، فالمدينة سرعان ما تصبح مريضة تبعاً لذلك.

فهي سرعان ما تتورط في حروب بسبب طلب المتقاتلين مساعدات من خارج الحدود، وقد تزايد إحساس تفضيل الولاء للنظام الاجتماعي على الولاء للدولة في العصر الروماني، حيث كانت الأطراف المتقاتلة تستدعي روما لمساعدتها، والحق يقال إن هذه الظاهرة لم تكن في بلاد اليونان فقط، بل نجدها حتى في قرطاجة أيضاً، فعندما ضاق الأوليجاركيون ذرعاً بآراء هانبيال دعوا الغزاة الرومان عام 196 ق. م. ضد زعيم البلاد نفسه.

و"التاريخ اليوناني عني بنماذج كثيرة للبطولات الرائعة ولكنه في الوقت نفسه ملئ بمواقف صارخة للخيانة. وإن من بين الخونة من هم أعظم الساسة الإغريق"، إذن فالخيانة مشكلة أخرى تلي مشكلة الولاء للنظام الاجتماعي ووضعه فوق الدولة. وبصرف النظر عن الحماسة العمياء للإغريقي تجاه فكرة سياسية أو عنصرية معينة قد تدعوه للخيانة فقد كان "الفقر" العامل الأساسى للخيانة، وكانت "الرشوة" لا تقاوم من جانب الاغريقي المعدم، وقد ذكر هيرودوت أن الاسبرطى لا يرفض الرشوة أبداً!.

وثمة عامل آخر له تأثيره فى المتاعب الداخلية، وبخاصة فيما يختص بالاضطرابات الاجتماعية وهو "نظام الرق"، ومعناه وجود قطاع من الناس محرومين من كل الحقوق حتى "الإنسانية"، وقد ساد هذا النظام فى معظم دول العالم القديم، وبخاصة في آشور وبابل، لكن بالنسبة لبلاد اليونان زاد عدد العبيد منذ أواخر القرن السادس وأوائل القرن الخامس، حيث كانت جزيرة خيوس بالقرب من شاطئ آسيا الصغرى تقوم بدور السوق الدولي لتجارة العبيد، وكان العبيد مصدراً للطاقة البشرية.

ومن بين عدد سكان أثينا في عام 430 ق. م. (حوالي 155.000 نسمة كان حوالي سبعين ألف عبيد. ومن سكان

أتيكا (حوالي 315.000) كان بينهم 115.000 عبد، وزاد عدد العبيد وأهميتهم في الاقتصاد إبان القرنين الثاني والأول قبل الميلاد، ويقال إن ما يقرب من 20 % من سكان روما أو ثلثها كانوا عبيداً.

وفي هذا الوقت كانت جزيرة ديلوس القريبة من آسيا الصغرى هي سوقهم الدولية، وكلما زاد عدد العبيد ساءت أحوالهم الاجتماعية لدرجة لا توصف، وقد بلغ الظلم الاجتماعي ضد العبيد أقصاه في مناجم لاوريون مصدر الفضة الأول لمدينة أثينا، وكان الحال أشد سوءًا في روما لدرجة أن الروماني رأى أنه من الأوفر اقتصادياً أن يشتري العبد ويستهلكه حتى الموت، ثم يشتري آخر على أن يعتني بالعبد ليعيش طويلاً. وزيادة أعداد العبيد كانت نتيجة للحروب، وأصبحت الحرب تدفع بأيدٍ عاملة رخيصة، ولذا، كان هناك من يحرص على زج البلاد في حروب ليستفيد من العبيد. إذن الحرب لم تكن مشروعاً سياسياً، بل كانت ذات هدف اقتصادي. وعلى ذلك، فبدلاً من التخلص من الشعوب المهزومة ارتأى الإغريقي أو الروماني أن من الأفيد بيع السكان كعبيد لتغطية نفقات الحرب.

كانت آسيا الصغرى مصدر العبيد الأكبر لروما، وقد أغرق السوق الروماني بجموع من العبيد نتيجة للحرب هناك، كما أن جامعي الضرائب الرومان استرقوا الفقراء من الناس لعجزهم عن دفع المتأخرات. كما تدفقت حشود العبيد على روما بعد معارك قيصر

الدامية ضد الغاليين. وفي كلتا الحالتين استفادت طبقات الرأسمالية الرومانية من سبايا الحرب، ومن الواضح أن مجلس الشيوخ الروماني تردد كثيراً في اتخاذ عمل حاسم ضد قراصنة البحر الأبيض المتوسط، لأنهم كانوا خلية حية في نقل العبيد والاتجار فيهم، وكانت روما المستهلك الأول لهم، ولم تتخذ روما إجراءً حاسماً ضد القراصنة إلا عندما زادت سطوة هؤلاء القراصنة وكادت أن تهدد مصالح الامبرطورية الرومانية نفسها.

ولم يكن السكان في المستعمرات الرومانية أسعد حالاً بل تدهورت حالتهم الاقتصادية منذ القرن الأول قبل الميلاد وسرعان ما أدى سوء الأحوال الاقتصادية — سواء عند الشعوب المقهورة أو العبيد — إلى تفجر حركات تمرد واسعة ومن ثم اضطرار روما لخوض حروب دامية للقضاء على هذه الثورات، واستخدمت روما القوة داخل إيطاليا نفسها ضد الإيطالين الساخطين والعبيد المتمردين. واندلعت ثورات وحروب ضد روما وبخاصة في آسيا الصغرى وجزيرة صقلية — التى اشتهرت بأنها معقل العبيد ومركز ثوراتهم — كما شهدت صقلية حركة تمرد بين 103، 99 ق. م. عرفت بضراوتها وبربريتها عندما قاد سبارتاكوس جحافل العبيد وسيطر على مناطق شاسعة في جنوب إيطاليا، لكن الرومان أخمدوا هذه الثورة ببربرية لم نسمع عنها في التاريخ من قبل. وأخيراً وليس آخراً، يجب ألا ننسى

الإشارة إلى الحرب الاجتماعية التي خاضتها الشعوب الإيطالية بين 90 – 89 ق. م. بهدف الحصول على حقوقها السياسية.

وكثيراً ما أدى ضعف الحاكم إلى فوضى سياسية، وبالتالي اندلاع الحروب، أضف إلى ذلك سطوة الارستقراطيين في العالم القديم وحبهم للقتال ونزعتهم الطبيعية نحو العدوان، فالحرب عندهم رياضة كالصيد في وقت السلام، ولم يكن ذلك وقفاً على الحال في بلاد اليونان وحدها، لأننا نجد في مصر مثلاً في القرون الأخيرة قبل أن يفقد هذا البلد استقلاله، نجد طبقة ارستقراطية حاكمة ميالة إلى القتال والاقتتال، وفي بلاد اليونان مثلاً نحس بسطوة هذه الطبقة وشدة حبها للحروب حتى من بين أبيات **الإلياذة والأوديسا.**

أما بالنسبة للرومان، فقد كانت عظمة الوطن الشغل الشاغل لأحلام القادة والعظماء، وكلمة العظمة أو المجد مرتبطة كل الارتباط بالمجد العسكري والانتصار في ميادين المعارك، لقد كانت عظمة الوطن الدافع الأول لحروب شنتها روما على شعوب مسالمة وغير مسالمة، فـ **"العظمة"** هي التي دفعت يوليوس قيصر لأن يسير غازياً في سبيلها، وأن يسفك دماء غزيرة بطرق مجردة من الإنسانية، كتب مفاخراً بها في إحدى مؤلفاته العسكرية عن حرب الغال. ولم يكن اكتافينوس أقل وفاء لعظمة روما من يوليوس قيصر لكنه كان أقرب

منه ميلاً إلى السلام، ولذا نراه يلبس انتصاراته السياسية والدبلوماسية الثوب العسكري، ثم يطلق أبواق دعايته سواء عن طريق شعراء البلاط أو عن طريق إقامة النصب التذكارية التي تردد أعماله العظمى وفتوحاته الكبرى من أجل عظمة روما.

وقد يكون حب القتال في الدولة القديمة ناتجاً من أن مهام الدولة كانت وقفاً على الرجال وحدهم، فلا نكاد نعرف نساء كثيرات (اللهم إلا بعض الملكات) وصلن إلى مراكز قيادية قديماً، فالنساء أقرب إلى المسالمة وتأييد للسلام من الرجال، أو على الأقل كان ذلك اعتقاد الكاتب الكوميدي الساخر ارستوفانيس عندما كتب مسرحيته الهزلية "**لوستراتا**" في أحلك أيام أثينا أثناء الحروب البيلوبونيزية الكبرى، لقد تخيَّل الشاعر الساخر — وأثينا محاصرة ومغلقة على نفسها كقلعة يحيط بها الأعداء — انقلاباً تقوم به النساء في محاولة لوقف القتال الدائر بين الإغريق، وللحفاظ على الرجال الذين تناقص عددهم ونَدَر وجودهم.

وفي التاريخ الروماني، ارتبط السلام والوصول للعرش بمعيار الكفاءة، فلقد جاء أعظم أباطرة عصر السلام الروماني أمثال تراجان وهادريان وانتونينوس بيوس وماركوس أوريليوس إلى العرش عن طريق نظام الاختيار للخلافة، وقد نعمت الامبراطورية في عهودهم بأزهى

درجة من التقدم والرقي والرخاء الاقتصادي والسلام، والسبب في ذلك واضح، فبعد اغتيال دومينيانوس عام 96 ميلادية خلفه الامبراطور نيرفا، وكان شيخاً متقدماً في السن، إلى جانب أنه قضى سنوات عديدة يعمل في حقل المحاماة، فاتخذ من اغتيال دوميتيانوس عبرة في وجوب تحطيم فكرة وقف الاختيار على أفراد أو دائرة الأسرة الحاكمة، فكان أول من عيَّن خليفة له خارج حدود الأسرة الحاكمة، وبذلك جعل الكفاءة والقدرات الطبيعية الهدف الأول في تعيين نظام الخلافة، وقد كان من ثمار هذا التجديد الجرئ خيرة الأباطرة مثل: تراجان وهادريان.

وجدير بالذكر أن كليهما لم يكن من دم غير أرستقراطي فحسب، بل أكثر من ذلك كان كلاهما ينحدر من أصل غير روماني إذا كانا إسبانيين. وهكذا أثبتت هذه الحقبة أن نظام الخلافة أسلم بكثير من التوارث أو الاختيار بالقرعة، والدليل على ذلك سيادة السلام الروماني إبان عصور الأباطرة الذين جاءوا إلى الحكم عن طريق هذا النظام.

وبظهور السلام الروماني اختفت العوامل الأساسية التي أدت لاندلاع الحرب، فاختفى التفكك السياسي كما اختفت النزعة القومية المتعصبة والإحساس العنصري نتيجة تكوُّن دولة واحدة متعددة الأجناس، وقلت حدة الصراع الطبقي وقل عدد العبيد نسبياً،

113

وتحسنت أوضاعهم الاجتماعية بظهور التشريعات التي وضعتهم محل اعتبار لأول مرة، وفي أعقاب ذلك عمَّ الرخاء وقويت روما اقتصادياً، في ظلال الاختيار الموفق لأباطرتها. وظلت الامبراطورية الرومانية تنعم بهذا الرخاء والسلام حتى عصر ماركوس أوريليوس.

ورغم ما عرف عن هذا الامبراطور من ثقافة فلسفية عالية فقد ارتكب خطأ كبيراً عندما عين ابنه كومودوس وريثاً له على العرش، محطماً التقليد السابق، وبالطبع أصبح نظام الأباطرة منذ ذلك اليوم نظاماً وراثياً. ويسمى ذلك اليوم "**يوم النحس**" في التاريخ الروماني، وكان ذلك في عام 166 ميلادية إذ سرعان ما تدهور السلام واغتيل كومودوس ثم اندلعت فى أعقاب ذلك حرب أهلية مريرة استمرت ثلاث سنوات من 193 على 196 ميلادية وتلا الحروب الأهلية حروب أخرى.

فقد اختفى نظام الاختيار وحل محله نظام الوراثة الأسرية السابقة، وقد استخدم كثير من الأباطرة القوة والعنف لتحقيق ذلك بل استخدمت القوة للوصول إلى العرش، وباختصار حلت القوة محل الكفاءة والقدرات الطبيعية، وكان من نتائج هذا الإجراء الغير موفق أن تفككت الامبراطورية الشاسعة ومرت الامبراطورية بأيام شبيهة بالأيام التى مرت بها الدويلات اليونانية أثناء خبرتها بالصراعات

الداخلية والحروب الاجتماعية، إذ سرعان ما أدى الصراع الداخلي إلى التدخل الخارجي، فضلاً عن أن الدولة تكبدت مبالغ طائلة في مواجهة هذه الحركات، كما كلفتها الحروب الأهلة الكثير، ما أدى إلى الانهيار الاقتصادي، وكان على الامبراطورية الرومانية أن تمر بما يقرب من مائة عام (بعد قرار الامبرطور ماركوس أوريليوس) بحروب أهلية متعاقبة وحروب بين الأسر المتصارعة على العرش، إلى جانب الحروب الخارجية قبل أن يجيئ مرة أخرى سلسلة من الأباطرة الأكفاء، لكن مجيئهم كان متأخراً، فلم تكن الامبراطورية قادرة على أن تعود إلى شبابها.

الباب الثالث:
الحرب و"ثقافة الصراع"

الفصل الأول:
ثقافة الحرب في العصور الوسطى

اتسمت الحياة في العصور الوسطى بنزعة عنف عامة تبلورت في "**الحروب الصليبية**، فقد ألقى البابا أوربان الثاني خطبة مثيرة في مدينة مونت الفرنسية في 27 نوفمبر 1095م، ولم تكن الخطبة موعظة أو دعوة إلى الإصلاح، بل كانت تحريضًا وإثارة للحقد والطمع في نفوس الأوروبيين، ودعوة للسلب والنهب، والاستيلاء على أرض الآخرين؛ حيث طالب بوجوب استرداد "**بيت المقدس**" من المسلمين، ومنّى المتطوعين في الحملة بحياة أفضل في الدنيا، وبغفران الذنوب إن ماتوا في ساحة القتال.

وكانت هذه الخطبة بداية لانطلاق الحروب الصليبية، ونقطة فاصلة بين عهدين شهدهما العالم؛ حيث استجاب لهذه الدعوة الطبقات الدنيا من الشعب، متأثرة بالدعاة الذين جابوا أوروبا لإثارة حماس الناس، وحميتهم الدينية، وكان **بطرس الناسك** أبرز هؤلاء الدعاة، فاستجاب له جحافل من العامة والفلاحين والرعاع، وقطاع

الطرق واللصوص، متأثرين بفصاحة لسانه وبيانه، وشاركه في ذلك داعية آخر اسمه "والتر المفلس"، وخرجت هذه الجموع، وهي تمني نفسها بالحياة الناعمة والخير الوفير، وعرفت هذه الحملة في التاريخ بحملة الرعاع.

وارتكبت هذه الحملة في سيرها كل الموبقات من سلب ونهب وقتل واعتداء على الأعراض، واغتصاب بعض الراهبات، حتى وصلت إلى أبواب القسطنطينية، فسارع الإمبراطور البيزنطي إلى نقلهم عبر مضيق البسفور إلى آسيا الصغرى، وتخلص من شرورهم، وقابل السلاجقة هذه الجحافل وأوقعوا بهم هزيمة قاسية. بعد أن قضى الصليبيون بجحافلهم الجرارة في العاصمة البيزنطية أسبوعين تحت بصر الإمبراطور ورعايته، عبرت قواتهم إلى آسيا الصغرى، والتحم بهم ما بقي من حملة الرعاع التي قادها **بطرس الناسك** فاجتمع لهم عدد ضخم من الجند قدره المؤرخون بمليون شخص.

بعد ذلك تقدَّم الصليبيون إلى بلاد الشام، وما كادت تصل أنباء هذه الغزو حتى اضطرب المسلمون في الشام، وأحسوا أنهم أمام خطر عظيم، وبدلاً من أن يوحدهم في مواجهته ظلوا على عداوتهم، عاجزين عن المواجهة.

وفي الطريق إلى بيت المقدس كان بعض الحكام المسلمين يدخلون في طاعة الصليبيين، مؤثرين السلامة ولم يكتفوا بذلك بل نزلوا على شروط الصليبيين بتقديم العون والمساعدة لهم، وتوالى سقوط المدن الساحلية وغيرها في أيدي الصليبيين حتى بلغوا أسوار بيت المقدس (يونيو 1099م). كانت قوات الصليبيين التي تحاصر المدينة المقدسة تقدر بأربعين ألفًا، وظلت ما يقرب من خمسة أيام قبل شن الهجوم المرتقب على أسوار المدينة الحصينة، وكان الجند في غاية الشوق والحماسة لإسقاط المدينة، فشنوا هجومًا كاسحًا انهارت على إثره التحصينات الخارجية لأسوار المدينة الشمالية، لكن ثبات رجال الحامية الفاطمية وشجاعتهم أفشلت الهجوم الضاري، وتراجعت القوات الصليبية بعد ساعات من القتال.

كان موقف الصليبين سيئاً، فهم يعانون العطش وقلة المؤن، وكان يمكن للحامية الفاطمية أن تشن هجومًا مضادًا على الصليبيين وهم في هذه الحالة من الإنهاك، فتستأصل شأفتهم وتقضي عليهم، لكنها لم تفعل ثقة منها في مناعة أسوارها، وعدم قدرة الصليبيين على الاستمرار وهم في هذه الحالة. ثم شاءت الأقدار أن تصل سفن حربية من جنوه إلى يافا وتستولي عليها، وتمد الصليبيين بالمؤن والإمدادات والأسلحة والمواد اللازمة لصناعة آلات

وأبراج الحصار، وكان لهذه النجدة فعل السحر في نفوس الصليبيين فقويت عزائمهم وثبتت قلوبهم، وطمعوا في النصر.

تأهب الصليبيون لمهاجمة أسوار المدينة بعد أن نجحوا في صناعة أبراج خشبية ومعها آلات دك الأسوار، وكانت تلك الأبراج تتكون من ثلاثة طوابق: الأول لفرق تدفع البرج من أسفل على عجلات، والثاني مخصص للفرسان، والثالث لرماة السهام .. ومساء 13 يوليو 1099م شن الصليبيون هجوماً حاسماً، وفشلوا لكن هذا الفشل زاد الصليبيين إصرارًا، وأوقد الحماسة في نفوسهم لاقتحام المدينة، والاستيلاء عليها مهما كان الثمن، فشنوا هجومًا ضاريًا (فجر 15 يوليو 1099م)، ونجح عدد كبير من المهاجمين في الاندفاع إلى المدينة، وولت الحامية الفاطمية الأدبار نحو الحرم الشريف حيث توجد قبة الصخرة والمسجد الأقصى، واحتموا بهما، وبذلك سقطت المدينة في أيدي الصليبيين بعد حصار دام أكثر من أربعين عامًا.

وبعد أن دخل الصليبيون المدينة المقدسة تملكتهم روح البطش والرغبة في سفك دماء العزل الأبرياء، فانطلقوا في شوارع المدينة يذبحون كل من يقابلهم من رجال ونساء وأطفال، ولم تسلم المنازل الآمنة من اعتداءاتهم الوحشية، واستمر ذلك طيلة اليوم الذي دخلوا فيه المدينة. وفي صباح اليوم التالي استكمل الصليبيون الهمج

مذابحهم فقتلوا المسلمين الذين احتموا بحرم المسجد الأقصى، وكان أحد قادة الحملة قد أمنهم على حياتهم، فلم يراعوا عهده معهم، فذبحوهم وكانوا سبعين ألفًا، منهم جماعة كبيرة من أئمة المسلمين وعلمائهم وعبادهم وزهادهم ممن فارقوا الأوطان وأقاموا في هذا الموضع الشريف.

ويعترف مؤرخو الحملات الصليبية ببشاعة السلوك البربري الذي أقدم عليه الصليبيون، فذكر مؤرخ صليبي ممن شهد هذه المذابح وهو "**ريموند أوف أجيل**"، أنه عندما توجه لزيارة ساحة المعبد غداة تلك المذبحة لم يستطع أن يشق طريقه وسط أشلاء القتلى إلا بصعوبة بالغة، وأن دماء القتلى بلغت ركبتيه. وكتبوا إلى البابا يفتخرون بما فعلوا دون وازع من خلق أو رادع من دين، فما لامهم ولا استنكر فعلتهم!

وكان العنف كذلك سمة للحياة الاجتماعية فكانت عمليات الإعدام أكثر الأحداث وقوعاً، بل يمكن القول أنها كانت تحدث بلا انقطاع، وشكلت الإثارة القاسية والشفقة التي يسببها تنفيذ حكم الإعدام بنداً هاماً في الغذاء الروحي لعامة الناس، وكانت هذه بمنزلة مسرحيات رائعة ذات مغزى خلقي. واخترع القانون للجرائم الرهيبة عقوبات فظيعة. وحدث في مدينة بروكسل أن شاباً قاتلاً ومثيراً

للفتن، وضع وسط حلقة من حزم الحطب المتقدة والقش المشتعل وشد وثاقه إلى عمود بسلسلة تدور حول حلقة من الحديد. فيوجه إلى مشاهديه عبارات مؤثرة، فألان أفئدتهم حتى انفجروا باكين وامتدح موته بأنه أبدع ما شوهد على الأيام.

وعندما كان المجرمون من كبار السادة، كان عامة الناس يسعدون بمشاهدة العدالة الصارمة تجري مجراها على نحو أخاذ لا تبلغه موعظة واعظ ولا ريشة مصور. ولم يعد القارئ العصري للصحف مستطيعاً أن يتصور على الإطلاق عنف الانطباع الذي كانت تسببه الكلمة المنطوقة في عقل أمي جاهل يعوزه الغذاء العقلي. وينبغي ألا يغيب عن بالنا شيوع تلك الظاهرة العامة الخاصة بسرعة الانفعال وذرف الدموع والثورات الروحية لكي نتصور على أوفى وجه كم كانت الحياة في تلك الفترة عنيفة شديدة التوتر.

وبحسبنا مثالاً بسيطاً لإظهار شدة قابلية الإثارة التي تميز العصور الوسطى من زمامنا هذا، إذ لا يكاد المرء يتصور أن هناك لعبة أدعى إلى الهدوء والسلام من لعبة الشطرنج، ومع ذلك فإنها ببضعة قرون، يذكر عنها أوليفييه دي لامارش أنه نشبت كثيرمن المشاجرات بسببها فيقول: "**إن أعقل الناس يفقدون صبرهم فيها**".

وبلغ من ازدحام المسرح السياسي لممالك أوربا بالصراعات الشرسة الفاجعة، في نهاية القرن الرابع عشر وبداية الخامس عشر، أن لم يسع الناس إلا أن يعدوا كل ما يتعلق بالملوك والملكية، سلسلة متعاقبة من أحداث دموية. ولن يستطيع قارئ عصري في أيامنا هذه، إذ يدرس تاريخ العصور الوسطى القائم على الوثائق الرسمية، أن يدرك بالقدر الكافي ما كانت عليه روح إنسان العصر الوسيط من قابلية مفرطة للاهتياج. ذلك أن الصورة المستقاة من السجلات الرسمية بصفة رئيسة، مهما كانت تلك السجلات أعظم ما يمكن الركون إليه من مصادر، سيعوزها عنصر واحد هو عنصر الانفعال الشرس ليس منعدماً في السياسة العصرية، لكن يكبحه الآن ويحول وجهته في أغلب الشأن ما يريم على الحياة الاجتماعية من تعقيدات. وكان ذلك الانفعال منذ خمسة قرون يقوم بغارات كثيرة وعنيفة يقتحم بها حياض السياسة العملية، فيقلب الخطط المدبرة بروية وتعقل، رأساً على عقب. ومما يضاعف تلك العاطفة الطافحة بالعنف لدى الأمراء، الكبرياء الشعور بالقوة، ولذا فهي تعمل عملها في نفوسهم بقوة دفع مضاعفة.

ونحن حين نكتب تاريخ "**أسرة برجنديا**" مثلاً، ينبغي أن نتمثل نصب أعيننا على الدوام روح الانتقام باعتباره الدافع المهيمن عليها دائماً. ولن يحاول إنسان أن يبحث الآن، بطبيعة الحال، عن

تفسير لكل ذلك الصراع على السلطة والمصالح، الذي تمخض عن النزاع الدنيوي بين فرنسا وبيت الملك النمسوي، وتجلي في الضغائن الأسرية بين أورليان وبرجنديا. وقد أسهمت جميع صنوف الأسباب ذات الطبيعة العامة — السياسية منها والاقتصادية والسلالية الوصفية الأثنوجرافية في تكوين ذلك الصراع الكبير.

على أنه، ينبغي ألا يغيب عن بالنا أن السبب الظاهر في ذلك الصراع الدافع الرئيس المسيطر عليه كان في نظر رجال القرن الخامس عشر بل حتى بعده، هو التعطش للانتقام. وما عليك إلا أن تقرأ القائمة الطويلة للأعمال التكفيرية التي طالبت معاهدة آراس بها في 1435، ما بين كنائس صغيرة وأديرة وكنائس كبيرة وإنشاء قاعات كان الناس يقدرون بها الحاجة إلى الانتقام والتعويضات عن الشرف المهان. ولم يكن البرجنديون هم وحدهم الذين كانوا يفكرون على هذه الشاكلة، فإن أنياس سيلفيوس، أشد أبناء بلاده استنارة يطري في إحدى رسائله أميراً فوق كل أمراء عصره، لما أبداه من تلهف على الثأر لأبيه.

وهذا الواجب من الحفاظ على الشرف والانتقام، هو فيما يقرر لامارش، النقطة الرئيسة في السياسة عند رعايا الدوق. فإنه يقرر أن جميع ممتلكات الدوق كانت تجأر معه مطالبة بالانتقام. وسنجد من الصعب علينا أن نصدق ذلك القول، عندما نتذكر مثلاً

العلاقات التجارية بين فلاندرة وانجلترا، وهي عامل سياسي أكبر أهمية فيما يبدو، من شرف الأسرة الدوقية. ولكن ينبغي للمرء، لكي يفهم عاطفة العصر نفسه أن يبحث عن الأفكار السياسية المعترف بها، والشعورية الواعية، وليس ثم أدنى شك في أنه لا يمكن للناس فهم أي دافع سياسي آخر على وجه أفضل من فهمهم للدوافع البدائية مثل الكراهية والانتقام. ولم يكن للحروب الخاصة بين أسرتين أثناء عهد الإقطاع سبب واضح إلا التنافس في مرتبة الشرف والتحاسد الجشع على الممتلكات. أجل، إن الكبرياء العنصري والتعطش في الانتقام والوفاء هي الدوافع الأولى والمباشرة لتلك الحروب. وليس هناك أساس يحملنا على نسبة دافع اقتصادي آخر إليها، عدا التطلع الجشع إلى ثروة الجار.

وزاد التعصب الديني تعزيز قوة فكرة القصاص. وأدى انعدام الأمن على نحو مزمن إلي تحبيذ أشد أنواع النكال الممكنة من جانب السلطات العامة، فأصبحت الجريمة تعد تهديداً للظام والمجتمع، كما تعد كذلك إهانة للجلال الإلهي. وهكذا يتجلى أنه كان من الطبيعي أن يصبح الشطر المتأخر من العصور الوسطى هو بوجه خاص "**عهد القسوة القضائية**". فإن استحقاق المجرم لعقوبته لم يكن موضع شك على الإطلاق. وكان الإحساس بالعدالة عند عامة الشعب يؤيد على الدوام أشد العقوبات نكالاً. وكان الحاكم من هؤلاء يقوم بين فينة

أخرى بحملات منتظمة يطبق فيها عدالة قاسية تكون آناً ضد قطع الطرق وآنا ضد السحر أو الشذوذ الجنسي.

والذي يسترعى أنظارنا في هذه القسوة القضائية، وفي المتعة التي كان الناس يحسونها إزاءها. هو الوحشية لا الشذوذ والانحراف. فكان التعذيب وتنفيذ أحكام الإعدام متعة للمشاهدين كأنما هما مشهد للتسلية في سوق عام. واشترى سكان مونز أحد قطاع الطرق، بثمن بأهظ إلي أقصى حد، من أجل الاستمتاع بمشاهدته يمزق أربعاً **"وهو مشهد أمتع الناس وأبهجهم بدرجة أكبر مما لو حدث أن جسداً مقدساً جديداً بعث حياً من بين الموتى"**، وأن أهالي بروج في 1488 أثناء أسر مكسمليانك ملك الرومان (إمبراطور الدولة الرومانية المقدسة) لا يمكن أن يشبعوا أبداً من مشاهدة ألوان التعذيب التي يتم إنزالها، على الحكام المتهمين بالخيانة وتؤبي على هؤلاء التعساء الضربة القاضية التي يتوسلون إنزالها بهم، حتى يتهيأ للناس الاستمتاع للمرة الثانية بإنزال التعذيب بهم.

الحرب في المجتمع الياباني

مع تحوُّل الحرب إلى مفهوم مركزي في الثقافة الاجتماعية اليابانية في العصور الوسطى تحوَّل السيف إلى رمز للمكانة

الاجتماعية، ويعد المجتمع الياباني من أهم نماذج عسكرة المجتمعات في التاريخ، فالسيف كان البطاقة الشخصية للياباني ومكانته الاجتماعية ولم يحظ هذا الرمز الحربي **"السيف"** بهذا القدر من التقنية العالية والأهمية الروحية في أي مكان من العالم بنفس القدر الذي حصل ولا يزال يحصل عليه في اليابان.

وكان السيف الياباني بشكل عام يحظى بالتقدير، ليس كسلاح، وإنما كعمل فني بديع منذ أن ظهر لأول مرة في القرن العاشر الميلادي، ومنذ ذلك الحين فإن السيف الثمين يحظى بتقدير أكثر مما تحظى به الأراضي والأملاك. وكل من يمتلك سيفاً من هذا النوع يقوم بتسلمه الى ابنه الذي يسلمه الى الحفيد وهكذا، لكي تتوارثه الأجيال المتعاقبة. وهناك العديد من السيوف اليابانية الوثائقية إن جاز التعبير، وهي تلك التي تحمل توقيع صانعها على النصل ويعود تاريخها إلى ما يزيد على ألف عام. وهناك أيضاً المئات من مدارس صناعة السيوف ذات الانصال والأشكال والمقاييس المعترف بها وتم تسجيلها عبر العصور في اليابان.

وتحمل صفحات تاريخ اليابان فصولاً عديدة عن السيف والدور الذي يلعبه اجتماعياً وجغرافيا. وإلى جانب المرآة والمجوهرات، فإن السيف يشكل جزءًا لا يتجزأ من حقوق الملكية اليابانية. وفي

اليابان يعتبرون السيف – إلى جانب كل ما سبق – ذا قيمة روحية، فلم يكن اقتناء سيف دليلاً على المكانة الاجتماعية مثل الملابس الفاخرة، لكن اقتناء السيف في الحضارة اليابانية له مغزى روحي. أما بالنسبة للساموراي فإن السيف يعد إحدى الوسائل التعليمية الأخلاقية، وهو الطريق الذي يؤدي إلى التقدم الروحي، كما كان السيف يعد أيضاً أداة للتنوير.

وشهدت فترة ايدو (1600 – 1868) توسعاً كبيراً لمدن الحصون أي المدن التي تشبه القلاع وقد ظهر من بينها بالتحديد كل من اوساكا وايرو اللتين تحولتا من مجرد قريتين إلى مدينتين بل أكبر المدن في العالم وأضخمها، في منتصف القرن السابع عشر. وقد حكمت حكومة توكوجاوا بكل الشدة والصرامة حتى لا يقع أي عصيان مسلح وذلك بأن فرضت عدداً من الأوامر العسكرية على طبقة الساموراي. فعلى سبيل المثال أدخلت الحكومة نظام سانكين كوتاي الذي بمقتضاه يتعين على كل ساموراي أن يقضي ستة أشهر من العام في ايدو تاركا أسرته خلفه، وخلال تلك الشهور تكون أسرته رهينة في أيدي حكومة توكوجاوا لحين عودته. كذلك تم استحداث حرس الحدود لمنع خروج النساء ودخول الأسلحة إلى العاصمة. كما أن جميع الانشطة الخاصة بالساموراي كانت تتم تحت مراقبة صارمة لشرطة سرية.

الفصل الثاني
الصراع في الفكر الغربي الحديث

تمهيد:

إن الأدبيات الغربية فى تناولها لظهور وتطوّر الدولة الحديثة في أوروبا، تنظر للحرب والإعداد لها، أو ما يمكن أن نطلق عليه اختصاراً صنع الحرب كعامل هام ومساعد فى تطور الدولة الحديثة. وكان شارلز تيلي قد أشار بعبارة موجزة إلى أن "**الحرب صنعت الدولة .. والدولة صنعت الحرب**". وقد يكون من حسن حظ إنسان القرن الحادي والعشرين أن يكون هناك دائماً من يفضل نزع الديباجات عن الخطاب السياسي السائد وصولاً إلى مضمونه الحقيقي وخلفياته المعرفية.

وقد ترتَّب على ظهور وانتشار الدولة الحديثة ظهور سياسات "**الهيمنة**" بسبب الطبيعة الصراعية للثقافة الأوروبية الحديثة ولتصور الدولة الحديثة لدورها، وحسب الأكاديمي الأمريكي جون ميرشايمر

صاحب التصورات الواقعية في السياسة الدولية فإن القرن العشرين شهد حربين عالميين ضاريتين تلتهما حروب محدودة النطاق، وأخرى "**بالوكالة**" سقط فيها ملايين القتلى. وفي كتابه: "**لماذا تتحارب الأمم: دوافع الحرب في الماضي والمستقبل**"، يذكر الباحث الأمريكي ريتشارد نيد ليبو أستاذ الذكرى المئوية بكلية لندن للاقتصاد والعلوم السياسية، أن الباحث أرنولد وولفرز قام بتقسيم "**الواقعيين**" إلى مجموعتين:

- **من يعزون الحرب إلى "الشر" النابع من الطبيعة البشرية.**
- **ومن يعتبرون الحرب "مأساة" ناجمة عن ضرورات منهجية لا مفر منها.**

وآمال السلام في القرن الجديد لن تتحقق لأن الدول الكبرى التي تشكل النظام الدولي تخشى كل منهما من الأخرى، وبالتالي تنافسها على القوة مستهدفة تحقيق الهيمنة كأفضل وسيلة لضمان البقاء. ويترتب على هذا وضع مأساوي لا مهرب منه ما لم تتفق الدول التي تملك تأثيراً كبيراً على الساحة الدولية على تأسيس: "**حكومة عالمية**"، وما دام هذا التحول غير محتمل حتى الآن، فإن الصراع والحرب سيظلان أهم معالم السياسة الدولية.

واقع "الحرب الدائمة"
ومشروع "السلام الدائم"!

يقرر مؤرخ الفكر الأستاذ إبراهيم العريس أن كل مشتغل بالفلسفة يعرف أن مفكرين كثراً من عصر النهضة، ساروا على الخطى التي رسمها قبلهم مفكرون إغريقيون (أفلاطون مثلاً) ومسلمون (الفارابي وآخرين)، وحلموا بقيام المجتمع المثالي والمدينة الفاضلة، ووضعوا من أجل ذلك خططاً وبرامج عمل، كانت تقل أو تزيد واقعية بحسب الظروف وإمكانات التحقّق، وكذلك بحسب المؤلف نفسه. لكن معظم تلك "**البرامج**" كانت محلية الطابع، أي تُرسَم من أجل مجتمع بعينه، ونادراً ما تكون "**كونية**". واعتباراً من أواسط الألفية الثانية، راح الفكر يبحث عن صيغ تتجاوز إطار الأمم، وعن سياسات تحل محل سياسات الحرب. وبحسب إبراهيم العريس في مقاله: "**نحو سلام دائم" لإيمانويل كانت: الفيلسوف يدعو الأمم الى الهدوء**"، فإن **صيغ** الوفاق العالمي هذه، كانت قبل القرن العشرين، مجرد أحلام فكرية تداعب عقول كبار المؤلفين، ومن بين أولئك المؤلفين يمكن بالطبع التوقف عند الفيلسوف الألماني ايمانويل

كانط(¹)، الذي، إلى جانب مؤلفاته الكبيرة في الفلسفة النقدية، جعلته مفتتح الثقافة الإنسانية النقدية الواعية في العصور الحديثة، وضع كتابه: **"نحو سلام دائم: محاولة فلسفية"** في العام 1795، قبل وفاته بتسع سنوات وكان قد تجاوز السبعين من عمره.

ويشير الباحث التونسي قيصر الجليدي (أستاذ مساعد الفلسفة بالجامعة التونسية) في دراسته: **"مشروع كانط للسلام الدائم: الفلسفة والآثار"**، إلى أنه كتب الكتاب بعد صدور النسخة الأولى من كتاب: **"نقد العقل المحض"** (1781)، **وبعد صدور** النسخة الثانية من الكتاب نفسه (1787)، وبعد كتاب: **"تأسيس ميتافيزيقا الأخلاق"** (1785)، وكتاب: **"نقد العقل العملي"** (1787)، وأخيراً، كتاب: **"نقد ملكة الحكم"** (1790)، أي أن كتاب: **"نحو مشروع سلم دائم"** لم يظهر إلاّ وقد اكتملت فلسفة كانط النقدية بالنظر في مجالات المعرفة والأخلاق والجمال.

(¹) ولد كانت في 1724 في مدينة كونيغسبرغ في بروسيا الشرقية. تلقى في صباه دراسة دينية صارمة، ودرس لاحقاً في جامعة كونيغسبرغ (كلية اللاهوت)، اهتم أكثر بدراسة الفلسفة والعلوم الطبيعية. ومنذ العام 1747 تحول الى التدريس، أولاً لدى الأسر النبيلة مؤدياً لابنائها ثم في الجامعة. في 1755 وضع كتابه العام الأول. أمضى كانت حياته بين التأليف والتدريس. من أهم مؤلفاته: "نقد العقل العملي"، "أسس ميتافيزيقا الأخلاق"، "نقد ملكة الحكم"، "ما هي الأنوار؟" و"ميتافيزيقا الأخلاق".

133

ولم يكن كانط أول فيلسوف معاصر يضع مشروع كهذا لنشر السلام في العالم، اذ كان هناك قبله كثيرون منهم الفرنسي أمريك كروسيه الذي وضع دراسة حول: "**فرص ووسائل اقرار سلام عام وحرية التجارة في العالم كله**"، والأميركي ويليام بن الذي اقتصر اهتمامه على أوروبا ووضع بحثاً عنوانه: "**السلام الحاضر والمقبل في أوروبا**"، وشارل رينيه كاستيل الذي اهتم أيضاً بأوروبا في كتابه: "**مشروع لجعل السلام في أوروبا دائماً**"، وجان جاك روسو وضع بدوره مشروعاً للسلام لا يقل أهمية. وكتاب كانت يبقى الأهم والأكثر واقعية.

والفيلسوف الألماني صاغ كتابه على "**هيئة المعاهدات الديبلوماسية**" وهو يتألف من: 6 مواد تمهيدية تصوغ الشروط السلبية للسلام.([2]) وجوهر الكتاب أنه، بما أن الحال الطبيعية بين

([2]) لا يجوز ان تتضمن أية معاهدة سلام أي بند سري للاحتفاظ بحق استئناف الحرب، لا يمكن امتلاك دولة مستقلة من طريق الميراث أو التبادل أو الشراء، الجيوش الدائمة يجب أن تزول، لا يجوز اقتراض ديون وطنية من أجل مصالح خارجية للدولة، لا يجوز لأية دولة ان تتدخل بالقوة في نظام حكم أية دولة أخرى، لا يجوز لدولة، في حالة حرب مع دولة أخرى أن تقوم بأعمال عدوانية تجعل من المستحيل عودة الثقة بين الدولتين لاحقاً... إلخ)

الأمم هي الحرب لا السلام، فمن المؤكد أن القانون المتفق عليه هو وحده الذي يوفر الأمن لكل فرد. والدولة هي التعبير القانوني عن المجتمع، ومن هنا فإن أولى واجباتها تكون في ضمان السلام الداخلي عبر خلق آلية حقوقية تتلاءم مع غايات المجتمع. وكانت يرى، في الوقت نفسه، أن حال الشعوب تجاه بعضها البعض هي حال الأفراد داخل الأمم، أي انها تعيش تحت تهديد دائم بالحرب. وعليه، فإن على كل أمة (أو دولة) أن تطالب الأمم الأخرى بالدخول معها في شراكة مماثلة للشراكة القائمة بين أهل الأمة الواحدة. وهذا كله لن يكون مجدياً إن لم يقم الأمر كله على الأخلاق، فبما أن الهدف النهائي للنوع البشري هدف اخلاقي، يتعين في نهاية الأمر إخضاع السياسة للأخلاق. من هنا يقول كانط: "**إن مشكلة العلاقات الدولية لا يمكن أن يوجد حل لها، على الصعيد الحقوقي وحده، بل أيضاً وبخاصة على الصعيد الأخلاقي**". ويخلص للقول: "**ابحثوا أول الأمر عن حكم العقل العملي الخالص وعن عدالة هذا الحكم، بعد ذلك فقط سيمكنكم أن تصلوا إلى هدفكم الأسمى**

وهناك ثلاث مواد تصوغ الشروط الايجابية العامة، الداخلية والخارجية لقانون السلام: يجب أن يكون النظام السياسي لكل دولة جمهورياً، القانون الدولي يجب أن يؤسَّس على قيام اتحاد فيديرالي بين الدول الحرة، القانون العالمي يجب أن يقتصر على شروط الضيافة العالمية.

(**خير السلام الدائم**) و**في شكل تلقائي**". وهو في النهاية يسعى للبرهنة على أن تحقيق السلام الدائم لا بد أن ينبع من العقل الأخلاقي.

وبحسب الباحث التونسي قيصر الجليدي (أستاذ مساعد الفلسفة بالجامعة التونسية)، في دراسته: "**مشروع كانط للسلام الدائم: الفلسفة والآثار**"، فإن الحاجة للسِّلم كلّما ازداد الشعور بالتهديد بسبب أسبقية الحرب عندهم على السلم، فالحرب طبعية في الإنسان، والسِّلم اصطناعي يُبنى بناء، "**الحرب بحد ذاتها ليست بحاجة إلى سبب خاص؛ بل يبدو أنها متجذّرة في الطبع البشري، لا؛ بل تعدّ عملاً نبيلاً ينزع إليه الإنسان حبا في المجد، بمعزل عن أيّ دافع مصلحي**"، لذلك سيرى الكثير من الفلاسفة المحدثين أن غريزة الحفاظ على البقاء من ناحية (توماس وهوبس) والرغبة في البقاء من ناحية ثانية (باروخ سبينوزا) وإرادة الحياة من ناحية ثالثة (فريديريك نيتشه) هي الثابت الأساسي في الهوية البشرية، وشرط إمكان وجود الإنسان لتحقيق الإنسانية الكاملة فيه.

فالإنسان لا يولد إنساناً عند كانط؛ بل يصبح كذلك بفعل التربية والقيم الأخلاقية والسياسية والجمالية، ف "**لا يستطيع الإنسان أن يصير إنساناً إلاّ بالتربية، فهو ليس سوى ما تصنع به التربية**"،

وهو عند الولادة كائن متوحش بامتياز، يفتقر للانضباط، لذا كتب كانط منذ الجملة الأولى (المقدمة) من كتابه "**تأمّلات في التربية**": "**الإنسان هو المخلوق الوحيد الذي يجب تربيته. ونقصد فعلا بالتربية الرعاية والانضباط والتعليم...؛ لأن الانضباط يحوِّل الحيوانية إلى الإنسانية**". وكانط يبيّن أن المعرفة عند البشر لا يمكن أن تكون دون معلّم، فالإنسان "**يأتي إلى العالم وهو في حالة خام**"، لذا وجب أن يقوم آخرون بتعليمه، فـ "**كل جيل يربي الجيل الآخر**"، في نوعٍ من المراكمة التربوية والأخلاقية والقيمية التي تهدف بلوغ مرتبة الإنسانية الكاملة.

والمدخل التربوي والأخلاقي والقيمي في النظر في مشروع كانط للسلم أمرين: أن كانط يسلم بأن الأصل في الإنسان التوحش، "**فالانضباط لا يتمثّل إلاّ في ترويض التوحّش**". فالإنسان:

كما يقول هوبز "ذئب للإنسان"
وهو "عدواني بطبعه" عند فرويد
و"ماكر بطبعه" عند ميكيافيلي.
و"يَعْرِفُ الأفضلَ ولكنه يأتي الأرذل" كما يقول سبينوزا.

الأمر الثاني يتعلق بأفق تحقيق الخلاص، فالإنسان مشروع أخلاقي كوني مفتوح، والإنسانية عند كانط فكرة تعديلية متغيّرة باستمرار؛ بحيث لا يمكننا أن نجزم أن الإنسان – في لحظة ما – قد

انتهى لتحقيق إنسانيته الكاملة. وقد كتب كانط "**مشروع سلم دائم**"؟

وهو محاولة للإجابة عن سؤال: هل بمستطاع الإنسان المتوحّش أصلاً أن يطمح لتحقيق سلم دائم، أو حتى عابر؟ ولو كانت التربية الأخلاقية كافيةً، فلماذا ابتكر الإنسانُ الدولةَ وحصّنها بالقوانين، وزوّدها بكل أشكال العنف الشرعي الردعي والقمعي في آن واحد؟

فيلسوف الحضارة ويل ديورنت في موسوعته الشهيرة "**قصة الحضارة**" يتتبع تصورات المفكرين الغربيين للعلاقة بين "**الدولة**" و"**العنف**"، مقرراً أن "**الحروب هي التي تخلق الرئيس وتخلق الملك وتخلق الدولة**"، وهؤلاء جميعاً يعودون فيخلقون الحروب!!

ففي "**ساموا**" كانت للرئيس سلطة إبان الحرب، أما في غير ذلك فلم يكن يأبه له الناس كثيرا؛ وقبيلة "**دياك**" لم تكن تعرف من الحكومة إلا ما لرأس الأسرة على أسرته من سلطان، فإن نشب القتال كانوا يختارون أشجع مقاتليهم فيولونه القيادة ويطيعونه طاعة عمياء، حتى إذا فرغوا من قتالهم، نزعوه وأرجعوه لعمله السابق. وفي فترات السلم كان أكثر السلطة والنفوذ للكاهن أو رئيس السحرة؛ فلما تطور نظام الحكم، وأصبحت الملكية الصورة المألوفة لدى أغلب

القبائل، اشتقت الملكية وظائفها من وظائف هؤلاء، وجمعت تلك الوظائف كلها في يدها: وظائف المقاتل والشيخ الوالد والكاهن. والجماعات تحكمها قوتان:

الكلمة في وقت السلم

السيف إبان الشدائد

ويتساءل ديورنت: كيف انتهت الحرب إلى قيام الدولة؟

لم يكن ذلك لأن الإنسان ميال بفطرته للحروب، فبعض الشعوب المتأخرة غاية في حب السلام، ولم يستطع الإسكيمو أن يفهموا لماذا يطارد الأوربيون بعضهم بعضاً كالحيتان — مع أنهم يدينون جميعاً بعقيدة مسالمة واحدة — ولماذا يسرق بعضهم أرض بعض؟

ومع ذلك، فحياة البدائيين تخللتها حروب لا تنقطع؛ نعم كان بينهم أنظمة وعادات تحدد القتل، كما هي الحال بيننا، فعينوا ساعات بعينها أو أياما أو أسابيع أو أشهرا لا يجوز للهمجي الكريم النفس أن يقتل أحداً خلالها؛ وكذلك حددوا بعض القواعد لا يجوز عصيانها، وبعض الطرق لا ينبغي أن يعتدي عليها، وبعض الأسواق والمستشفيات لا ينشب فيها قتال، والحرب — مع هذا كله — كانت الأداة المختارة للانتخاب الطبيعي بين الأمم والجماعات البدائية.

وينقل ديورنت عن نيتشه قوله إن: "**جماعة من الوحوش الكواسر شقراء البشرة، جماعة من الغزاة السادة، بكل ما لها من أنظمة حربية وقوة منظمة، تنقض بمخالبها المخيفة على طائفة كبيرة من الناس، ربما فاقتها من حيث العدد إلى حدٍ بعيد، لكنها لم تخذ بعد نظاماً يحدد أوضاعها ... ذلك هو أصل الدولة**"، ويقول لستر وورد: "**تبدأ الدولة – باعتبارها مختلفة عن النظام القبلي – بأن يغزو جنس من الناس جنساً آخر**". ويقول أوبنهيمر: "**إنك لترى أينما وجهت البصر قبيلة مقاتلة تعتدي على حدود قبيلة أخرى أقل منها استعدادا للقتال، ثم تستقر في أرضها مكونة جماعة الأشراف فيها، ومؤسسة لها الدولة**". ويقول تاتسنهوفر: "**العنف هو الأداة التي خلقت الدولة**". ويقول سمنر: "**إن الدولة نتيجة القوة وهي تظل قائمة بسندٍ من القوة**". وهذا الإخضاع العنيف إنما يقع عادة على جماعة زراعية مستقرة، من قبيلة صائدين ورعاة، لأن الزراعة تعلم الناس الأساليب المسالمة، وتروضهم على حياة رتيبة .... وهم يجمعون ثروة، لكنهم ينسون فنون الحرب ومشاعرها؛ أما الصائد والراعي، فقد ألفا الخطر ومهرا في القتل، وهما ينظران للحرب كأنها ضرب آخر من مطاردة الصيد.

وبحسب ديورنت، فإن قيام الدولة يقتضي تغيراً في مبدأ التنظيم الاجتماعي من أساسه، فيكون المبدأ أن يكون الحكم لمن يسيطر بدل ذوي القربى كما في المجتمعات البدائية. إن كل دولة تبدأ بالقهر لكن سرعان ما تصبح عادات الطاعة مضمون الضمير، ثم سرعان ما يهتز كل مواطن بشعور الولاء للعلم!.

ولما تم للدولة بناؤها، مَدَّت حبائلها من سلطان وقانون وأخذت توسع نطاقها شيئا فشيئا؛ ورغم أنها صيَّرَت الحرب الخارجية أكثر تخريباً مما كانت قبل تكوينها، إلا أنها استطاعت أن توسع السلام الداخلي وتثبت أركانه؛ ولك أن تعرف الدولة بأنها "**سلام في الداخل استعداداً للحرب في الخارج**".

والدولة كما يؤرخ لها ديورنت، لا تعتمد القوة وحدها حتى لا يتقوض بناؤها سريعاً، لأن الناس لطبعهم ذوو عناد؛ والقوة مثل الضرائب تبلغ أكثر نجاح لها إذا كانت خفية غير مباشرة؛ ومن هنا لجأت الدولة لأدوات كثيرة تستخدمها وتصطنعها في بث تعاليمها – كالأسرة والكنيسة والمدرسة – حتى تبني في نفس المواطن عادة الولاء للوطن والفخر به، ومثل هذا التماسك لابد منه في حالة الحرب.

كانط لا يستبعد الفلاسفة من تصوره لبناء السلم، فالدولة يجب عليها أن تبادر بالتوجّه للفلاسفة لتستحثّهم على الإدلاء

بآرائهم علناً وبكل حرية ليعبّروا عن "**المبادئ العامة التي يتحتّم الاهتداء بها في معالجة موضوع الحرب والسلم**". والإنسان ليس كائن العنف والحرب والقتل والتدمير فقط؛ بل كائن العقل والتدبير والتفكير والتنوير، وبقدر ما يمكننا أن نلاحظ تقدم البشر في وسائل القتل يمكننا أن نلاحظ تقدمهم في التحرر من الاستبداد والاضطهاد.

والسلم والحق والعدل والحرية قيم عالية لا يمكنها أن تتحقّق إلاّ في ظل "**دولة قانون**"، فإذا كان الحيوان قد وجد من يرتّب له حياته بشكل خارجي وبشكل مسبق، فإن الإنسان هو الكائن الوحيد الذي تُرك لذاته، وليس له من حل للخروج من حالة التوحّش إلاّ التعويل على نفسه، فخلاصه لا يأتيه من الخارج أبدا، وليس لأيّ سلطة غير بشرية أيّ قدرة على تنظيم حياته، "**فالحيوان بغريزته هو سلفاً كل ما يمكن أن يكون؛ إذ سبق لعقل خارجي أن رتّب له كل شيء. أما الإنسان فلابد له من استعمال عقله الخاص .. وعليه أن يحدّد لنفسه مسار سلوكه**"، بشكل فردي عندما يتعلّق الأمر بحياته الخاصة، وبشكل جماعي عندما يكون داخل الجماعة أو داخل الدولة.

كارل ماركس من جانبه، تبنّى الموقف القائل بأن الصراع بين البشر ينتهي بانتهاء الطبقات، والقضاء على تغول طبقة على أخرى

مستعملة في ذلك الدولة كأداة سياسية للقمع؛ فالدولة عند ماركس ليست دولة كل المواطنين؛ بل دولة الطبقة المهيمنة اقتصادياً واجتماعياً؛ وهذا التصور معاكس تماماً لتصور إيمانويل كانت، فالدولة عنده هي الضامن الوحيد لانتهاء كل أشكال العنف والصراع، فحل مشكل العنف عند ماركس مشروط بانتهاء الدولة وانحلالها، بينما حلها عند كانط مشروط بقيام دولة الحق والقانون واستمرارها، بل إن مشروعية دولةٍ ما تقاس بمدى قدرتها على الحفاظ على سلم وأمن مواطنيها من كل ما يمكن أن يتهدّدهم في الداخل وفي الخارج؛ لأن مثل هذا السلم هو عنوان كل تحضّر وسمة كل عيش مشترك.

كان نيتشه أفصح من عبّر من فلاسفة الغرب المحدثين عن رغبة الإنسان الجامحة في الاعتداء والتعنيف، فقال في كتابه: "**ما بعد الخير والشر**": "أن يمتنع المرء عن إهانة الآخر، وعن تعنيفه وعن نهبه، وأن يقرّ المرء بأن إرادة غيره من الناس معادلة لإرادته، كل ذلك يمكن أن يمثّل ــ إجمالاً ــ قاعدة حسنة لسلوك الأفراد .... لكن ما إن نسعى إلى سحب تطبيق هذا المبدأ؛ أي إلى جعله المبدأ الأساس الذي يقوم عليه المجتمع، حتى ينكشف على حقيقته، فإذ هو نفي للحياة، وإذا هو مبدأ انحلال وانحطاط. وينبغي أن نلمس هنا أعمق أعماق الأمور، وأن نمتنع عن كل ضعف عاطفي؛**

فالحياة إنما هي في جوهرها سلبُ ما للضعيف والغريب، وجرحه وتعنيفه، واضطهاده، وهي أن يفرض القوي بالغلظة والفظاظة أشكاله الخاصة، وأن يدمجه أو على الأقل (وهو الحل الأرفق) أن يستغلّه ...؛ لأن الحياة هي بالتحديد إرادة القوّة...فليس الاستغلال صنيع مجتمع فاسد وناقص أو بدائي؛ بل هو ملازم لطبيعة الحياة نفسها، وهو الوظيفة العضوية الأولى والأساسية، وهو نتيجة إرادة القوّة في حدّ ذاتها التي هي إرادة الحياة نفسها. وقد نكون بإزاء نظرية مستحدثة، غير أننا في الحقيقة إزاء المعطى الأول والأساسي للتاريخ بأكمله. فليكن لنا من النزاهة ما يجعلنا نقر به."!!!

وإذا انتقلنا إلى الواقع وجدنا أن الخبرة التاريخية تمدنا بما يدفعنا لأن نحذر من التفاؤل بانتهاء الحرب الباردة، فلقد بدأ القرن التاسع عشر في ظل الثورة الفرنسية والحروب النابوليونية، التي دامت ثلاثة وعشرين عاماً، وتورطت فيها كل القوى الكبرى التي كانت موجودة آنذاك. ورغم تلك البداية الدامية لم يكن القرن التاسع عشر قرناً مليئاً بالصراعات بين القوى الكبرى، بل كان من الفترات التي شهدت أقل عدد من الصراعات أوروبيا قياساً بغيره.

وينطوي هذا الاستنتاج على تحيز ينبغي التوقف عنده، **وميرشايمر** يعتبر صراعات الهيمنة هي الصراعات بين القوى الكبرى وحسب، مغفلاً عن عمد النشاط الواسع لحركة الاستعمار الغربي في عالم الجنوب/ الشرق حيث نقلت **"القوى الكبرى"** صراعاتها على أرض الشعوب الأضعف، كما استنزفت حركة الاستعمار القسم الأكبر من طاقاتها العسكرية، بل في أحيان كثيرة كانت هذه القوى تخوض صراعات دموية بالوكالة هدفها الهيمنة، فترث دولة مستعمرات دولة أخرى أو تقتسمها معها وهكذا.

وعندما ينتقل للقرن العشرين يقول إنه بدا خلال سنواته الأولى هادئاً، ثم يصبح أشد قرون التاريخ الغربي اشتعالاً. والدول الأوروبية كافة — وضمن ذلك بريطانيا وفرنسا — لم تزل تخشى تحوّل ألمانيا إلى قوة عسكرية كبرى، إذا لم تستمر السياسة الأمريكية في تحجيمها.

والهدف الأسمى لأي دولة حسب نظرية ميرشايمر تنمية نصيبها من القوة العالمية على حساب الدول الأخرى، أما الدول الكبرى فتتجاوز ذلك ساعية إلى أن تكون القوة الأولى بل القوة المهيمنة، أي القوة الكبرى الوحيدة في النظام الدولي. وبطبيعة الحال لا تسعى أية دولة إلى تثبيت توازنات القوى ما لم تكن في وضع القوة

المهيمنة، ولا تشبع الدولة إلا إذا حققت الهدف النهائي وهو الهيمنة. ولما كان من المستحيل تحقيق ذلك فإن العالم يظل محكوما بقاعدة "الصراع الأبدي".

وتمدنا الخبرة التاريخية للسياسة الدولية بما يؤيد ذلك، عبر التاريخ، وذلك بالتركيز على سجل علاقات الدول الكبرى منذ الثورة الفرنسية في أواخر القرن الثامن عشر حتى نهاية القرن العشرين. وبالنظر إلى القوى الكبرى الأوروبية نجد أنه قبل أن تصبح الولايات المتحدة واليابان قوى دولية كبرى في نهاية القرن التاسع عشر فرضت هذه القوى الأوروبية هيمنتها على السياسة الدولية. وقد شهدت هذه الفترة حروباً ثلاثة هي الأطول والأكثر دموية في التاريخ الحديث: حروب الثورة الفرنسية حروب نابليون (1792 – 1815)، والحرب العالمية الأولى (1914 – 1918)، والحرب العالمية الثانية (1939 – 1945) وقد تورطت فيها القوى العظمى كافة. أما فترات السلام التي شهدتها أوروبا فكانت بين عامي (1816 – 1852) وبين عامي (1871 – 1913) وبين عامي (1945 – 1990) إبان الحرب الباردة.

ونظرية ميرشايمر التي تحكم العلاقات الدولية منذ عقود تتأسس على أن التنافس بين القوى الكبرى من أجل الهيمنة يقوم

على فرضيات أهمها أن النظام الدولي — في غياب حكومة عالمية — هو نظام فوضوي، وأن من المستحيل أن تتيقن دولة من نوايا الدول الأخرى، وأن البقاء هو الهدف الأسمى للقوى الكبرى وهو الذي يهيمن على الدوافع الأخرى كافة، وهو ما يعني أسبقية الأمن. ويسفر التفاعل بين هذه العوامل مجتمعة عن ثلاثة أنماط للسلوك هي: الخوف والاعتماد على النفس وتعظيم القوة.

والقوى الكبرى تخاف من بعضها وتنظر كل منها للأخرى بعين الشك ولا مجال يذكر للثقة المتبادلة، صحيح أن هذا الخوف يتفاوت بحسب الزمان والمكان ولكنه لا يختفي فكل دولة كبرى تنظر إلى الدول الكبرى الأخرى بوصفها أعداء محتملين، فخوف الاتحاد السوفيتي من ألمانيا عام 1930 كان أقل بكثير من خوفها منه عام 1939. ويكشف رد الفعل البريطاني الفرنسي على توحيد ألمانيا في نهاية عهد الحرب الباردة عن صدق هذا التحليل، فرغم تحالف فرنسا وبريطانيا وألمانيا على مدى ما يقرب من خمسين عاما فإنهما أعربتا عن قلقهما من ألمانيا الموحدة. وخلو العالم من سلطة مركزية تلجأ إليها الدولة المهددة لتطلب منها العون وبالتالي تضطر للاعتماد على نفسها أو على اتفاق مصلحتها مع مصلحة طرف ثالث، ولو كانت ساحة السياسة الدولية مجرد سوق اقتصادي — والكلام لميرشايمر — لما

تنافست الدول الكبرى ذلك أن المنافسة السياسية قد تؤدي للحروب وهو ما يحول المنافسين إلى أعداء.

وتأتي الأحلاف ضمن الوسائل المعروفة لتعزيز الأمن لكنها **"زواج مؤقت"** فحليف اليوم قد يكون عدو الغد، والأنانية مطلوبة مفيدة في عالم الاعتماد على النفس على المدى القصير والبعيد على السواء. ومنذ أن أطلق إيمانويل كانط مقولته الشهيرة **"كل دولة أو كل حاكم دولة يرغب في التوصل إلى سلام أبدي بقهر العالم كله لو أمكنه ذلك"**، فإن الهيمنة ظلت أمنية الجميع حيث تعد الوضعية المثلى التي تتمنى كل دولة الوصول إليها، ونوايا الدول الكبرى عدوانية بالضرورة!!

ولقد شهدت الفترة من عام 1815 إلى عام 1980 ثلاثة وستين حرباً فاز البادئ فيها في تسعة وثلاثين منها. وتمكن بسمارك من توحيد ألمانيا بانتصاره عسكرياً على الدانمرك (1864)، والنمسا (1866)، وفرنسا (1870)، ولعب الغزو في القرن التاسع عشر دورا مهما في تشكيل الولايات المتحدة. ولو أن هتلر توقف بعد غزو بولندا (1939) وهزيمة فرنسا (1940) ولم يغز الاتحاد السوفيتي ربما تغيرت نتيجة المغامرة النازية.

ويراد بالدولة المهيمنة الدولة التي تحوز من القوة ما يجعلها تتحكم في الدول الأخرى كافة بحيث لا تملك أي منها القدرة العسكرية على شن حرب عليها، وهي بتعبير آخر القوة العظمى الوحيدة في نظام دولي لا توجد فيه قوى عظمى أخرى، وبطبيعة الحال لا يلزم أن يكون لدى المهيمن القدرة على هزيمة كل منافسيه مجتمعين، بل يكفي أن تكون هناك فجوة واضحة بينه وبين القوة الكبرى التي تليه. وبهذا المعنى فإن بريطانيا في القرن التاسع عشر كانت الدولة القائدة للنظام العالمي، لكنها لم تكن الدولة المهيمنة لوجود أربع دول أخرى تعد كل منها قوة كبرى: النمسا — فرنسا — بروسيا — روسيا)، وهو ما يعني أن النظام الذي ساد أوروبا خلال القرن التاسع عشر لم يكن أحادي القطبية. فالهيمنة تعني السيطرة والتحكم في العالم كله. وقد تصح التفرقة بين دولة مهيمنة إقليميا ودولة مهيمنة عالمياً. ورغم أن القوى العظمى تهتم بالأساس بالدول ذات القدرات العسكرية الكبيرة بوصفها تهديداً ملموساً، فإنها تهتم أيضاً بالقوة الكامنة للدول المنافسة التي تتمتع بثراء اقتصادي ووزن سكاني كبير لأن مثل هذه الدول تستطيع عادة بناء جيوش قوية، فهي تميل للخوف من أن تترجم الدول ذات الحجم السكاني الكبير النهوض الاقتصادي إلى قوة عسكرية.

وبطبيعة الحال تستخدم الدول قوتها وفقاً لهرم من الأهداف يحتل قمته "**البقاء**"، وإذا كانت الهيمنة تشكل مشكلة مزمنة للقوى الكبرى تشبه دورات العود الأبدي في استمرارها اللانهائي، فإنها تشكل كارثة للدول الضعيفة. ففي العالم الدارويني الذي يرسمه ميرشايمر – وهو للأسف أقرب ما يكون للحقيقة – لا يحتاج أحد إلى من يذكره بمقولة "**ويل للمغلوب**"، لكن المغلوب عادة يفرط في أسباب القوة فيصنف في خانة المغلوب.

الايمان بالعنف

هذه الواقعية الدموية نتاج ثقافة تؤمن بالعنف إيماناً عميقاً، ولا تراه مجرد وسيلة بل "**حالة فطرية**"، وتاريخ أوروبا الحديث زاخر بالحروب والمجازر، مليئ بالصراع المسلح والدماء السائلة، مفعم بأعمال العنف والتخريب. وهو تاريخ يكشف – إلى حد كبير – عن عقلية تؤمن بسياسة العنف، وتنفر من سياسة السلام بين الشعوب، ولا تعتقد إلا بسياسة القوة كوسيلة لحل المشاكل الدولية. ومن الواضح أن أوروبا في تاريخها الحديث لم تنجح في حل أمر من أمورها المحلية أو الدولية عن طريق المفاوضة أو التفاهم السلمي، وإنما لجأت طوال هذا التاريخ إلى صراع مسلح عنيف دام بين الدول الأوروبية نفسها، أو

بين الدول الأوروبية وبقية العالم. وليس من المبالغة أن أوروبا قد بلغت في هذا المجال درجة كبيرة من الوحشية، لم يصل إليها العالم في تاريخه الطويل القديم أو الحديث.

وليس من شك فى أن أوروبا في عصرها الحديث – أي ذلك العصر الذي تزعم أنها وصلت فيه إلى الحضارة – قد جعلت العنف سياسة متبعة، وفلسفة مقررة، ومبدأ لا تنحرف عنه. وتملأ فلسفة العنف تلك الرؤوس التى تتحكم في السياسة، وتقود مصائر الشعوب، ويجر مبدأ العنف الكثير من خيوط الثقافة والتعليم ولا تخرج عن نطاقه. تطبع سياسة العنف ما يطبق فيها من قوانين

والحروب ظاهرة من ظواهر العنف، كما أنها تدل دلالة واضحة على الإيمان بالعنف كمبدأ وسياسة. ومن السذاجة الشك في ذلك، لأن الانسان الذى يكره العنف يكره الحروب، والإنسانية التي تعشق السلام لابد أنها تبغض العنف وتنفر من كل مظاهره. لقد استراحت أوروبا فترة قصيرة من الوقت بعد تلك الحرب العالمية – أو على الأصح الأوروبية – الأولى، وذلك لتستجمع قواها من جديد، ولتحاول أن تصل إلى اختراع الآلات جهنمية جديدة لحرب جديدة. واشتعلت الحرب العالمية الثانية في أوروبا، وانطلقت الوحوش الأوروبية من جديد لتقتل وتخرب وتعذب، وتحيل أوروبا إلى جحيم رهيب مفزع عدة سنوات.

ولم تكن الحرب الأولى أو الثانية صراع بين جيش وجيش في ميدان حرب، وإنما كانت الأولى كما كانت الثانية مجزرة عامة، قتل الجندى وعذب كما قتل وعذب المدني، ولم يعد هناك ميدان حرب محدود يتلاقى فيه جيشان أو أكثر، وإنما صارت أوروبا كلها مساحة واسعة للقتل والتخريب وإثارة الخوف والرهبة والتعذيب، ولم يقتل فقط محترفو الحرب من العسكريين، وإنما قتل المدني في المدينة، وكل منا لا يزال يذكر أيضاً كيف أحال الجيش الألماني أثناء زحفه في الاتحاد السوفيتى وأثناء تراجعه من أراضيه، كيف أحال كل شئ إلى مقبرة هائلة مليئة بالجثث البشرية وغير البشرية، وكيف كان يشعل النيران في كل ما لم تستطع القنابل أن تحمله وتزيله من الوجود.

كما كشف العنف الأوربي عن عبقريته الوحشيه الفذه عندما أخذ أثناء الحرب العالمية الثانية يبني "**المصانع**" الضخمة لقتل الناس بالجملة، فأقيمت صالات كثيرة للقتل الجماعى عن طريق الغازات السامة القاتلة، فكانت آلاف الناس تجبر على الوقوف في صفوف طويلة ساعة بعد ساعة، ثم تتقدم هذه الآلاف من النساء والأطفال والعجائز والعمال والمثقفين نحو الأبواب الضخمة، وعندما تضيق تلك الصالات بما فيها، تغلق الأبواب، وتفتح أنابيب الغازات القاتلة، وتتساقط الجثث كالذباب، وبعد ذلك تحرق هذه الجثث، أو تدفعها الآلات الضخمة في حفر عميقة واسعة كما تلقى القاذورات. وقد

كانت هذه المصانع المقامة للفتك والقتل تبدأ عملها هذا بعد فترة طويلة من التعذيب، قضتها تلك الآلاف في مصانع أخرى خاصة، بنيت لتعذيب الناس، والتفنن في اختراع وسائل التعذيب.

لقد تجاوزت وسائل العنف الأوروبي الحدود التي يمكن للعقل الانساني تصديقه، لقد قص شعر هؤلاء الضحايا قبل ارسالهم إلى مصانع القتل، ثم صنع منه السجاد! إن هناك متاحف في بعض الدول الأوروبية لضحايا النازية، وتضم هذه المتاحف الكثير من الحقائق التي تدل بوضوح تام على مدى العنف الذى وصلت إليه الطبيعة الأوروبية، وعلى مدى تفننها في هذا المضمار. وكم كان من المنطقي أن تسمى هذه المتاحف **"متاحف العنف الأوروبي"**، أو **"متاحف الحضارة الأوروبية"**!

ولما كان منطق الأرقام منطق قوى حاسم، فإن من الأفضل سرد بعض الاحصاءات عن ضحايا الحربين، وهى احصائيات قم بها الأوربيون أنفسهم:

ضحايا الحرب العالمية الأولى عشرة ملايين نسمة
وضحايا الحرب العالمية الثانية ثلاثين مليوناً من البشر
أى أن أوروبا قتلت أثناء حربين في النصف الأول من هذا القرن أربعين مليوناً من البشر!

وهى أرقام تحمل أصدق الأدلة على مقدار ما بلغته أوروبا من عنف، وعلى مدى ما وصلت إليه الطبيعة الأوروبية من حقارة وانحطاط. وهى أرقام تفوق كل ما يمكن للعقل الإنساني أن يتصوره، ولولا أننا عشنا في هذا القرن!.

ويرى الكاتب زين العابدين الركابي أن أوروبا هي **"حقل الشوك الأعظم"** الذي نبت فيه الإرهاب واستغلظ وملأ الأرض : رعبا ودما وينقل عن الكاتب جون غراي قوله: **"اتجاه أن الإسلام مصدر الإرهاب اتجاه غربي مزيف للحقائق. ذلك أن فكرة تغيير العالم عن طريق الإرهاب ليست فكرة منبثقة من الإسلام، بل على العكس هي فكرة غربية. فمنذ اليعقوبيين، ومروراً بلينين وستالين إلى منظمة بادر ماينهوف، ظل الغرب المعاصر يضخ أيديولوجيات وحركات تقول باستخدام العنف من أجل عالم أفضل".** وهذه الشهادة مؤيدة ومؤصلة بشهادة مؤرخ أوروبي مشهور بدقته وتحليله في تسجيل الوقائع وتفسيرها وهو هربرت فيشر. فقد قال ـ في كتابه: **"تاريخ أوروبا في العصر الحديث"**: **"في فرنسا، أدى نشوب الحرب عام 1792 إلى تكوين حكومة الإرهاب. إن ذكرى دانتون غارقة في الدماء والعنف، ولن يغفر له: إغضاؤه عن مذابح سبتمبر 1792 المروعة. لقد كان الإرهاب في نظر دانتون، كما هو في**

نظر جميع رجال السياسة: أداة ضرورية من أدوات السياسة والحكم. وهكذا كان دانتون مستعداً لأن يستخدم أي تدبير إرهابي يراه ضرورياً لإلقاء الرعب في قلوب أعداء الثورة".

لقد كانت أوروبا المصدر الاعظم للعنف الدامي، والإرهاب المجنون في القرن العشرين، إن الحركات الثلاث الكبرى الارهابية في القرن الماضي، بل في التاريخ البشري كله، إنما هي إنتاج أوروبي:

الصهيونية:

ويكفي أن ننقل من كتاب "**الدولة اليهودية**" لتيودور هرتزل: "**لا يتم تأسيس دولة الآن بالأسلوب ذاته الذي كان يستعمل قبل ألف سنة. فلنفترض بأننا أجبرنا على أن نخلي بلداً ما من الوحوش. ففي هذه الحال يجب علينا ألا نقلد الأوروبيين الأقدمين بأخذ الرمح كل على حدة، ونبحث عن الدببة، بل يجب علينا تنظيم حملة صيد كبيرة ومن ثم نجمع الحيوانات كلها معاً، ونلقي في وسطها القنابل المميتة**"..

الشيوعية:

الحركة الشيوعية، إنتاج أوروبي، وهي حركة قامت على فكر العنف، ومارست العنف على اوسع نطاق. فالبيان الشيوعي الأول يقول: "**إن الشيوعيين يعدون إخفاء آرائهم ونواياهم عملاً عقيماً**

155

بلا جدوى، وهم يعلنون جهراً: أن أهدافهم لا يمكن تحقيقها إلا بقلب النظام الاجتماعي الحالي بأكمله بوسائل العنف"، وفلسفة العنف هذه ذبحت 20 مليون إنسان وبين 1937 و1938، أي في عام واحد ارهب ستالين وقتل مليون إنسان رمياً بالرصاص ومليون في معسكرات العمل.

النازية

النبع الاساسي لهذه الحركة هو: تمجيد العنصرية، واعتماد العنف سبيلاً لنصرة العنصرية. وبناء على الفكرة والفعل اشعلت النازية الحرب العالمية الثانية التي قتل فيها وشوه أكثر من 30 مليون إنسان.

العنصرية والصراع

كان الصراع دائماً وعلى مر العصور ابناً شرعياً للعنصرية، فالفكر العنصري وفكر الصراع — معاً — هما الأرضية التى تقوم عليها شرعة الغاب، ليحصل الطرف الأقوى على ما يريد تحصيله ولو تجاوز به حقوقه، وليفقد الطرف الأضعف ما يريد تحصيله ولو كان من

صميم حقوقه، ونحن إذا أمعنا النظر في عيون الأدب اليوناني القديمة سوف نلمس بِكل سهولة مدى قوه النبرة الطبقية الاجتماعية، وتغلغل نعرة الطائفية الفكرية والأخلاقية التي كانت غالبة على خطابها الشعري بكل صرامة، والتي أسست لتيار يؤمن بعقيدة العنصرية حتى اليوم بغير مبالغة!

فعلى سبيل المثال، نجد أن "**إلياذة**" هوميروس و"**الأوديسة**" لا تكرمان غير طبقة الأشراف، ولم يوجه صاحباهما نظرهما أبداً إلي طبقه العامة: إذ يري أن هذه الطبقة لا تتطلب من المرء أي اهتمام، ولقد كانت الحرب بين طبقة وطبقة، وهي الحرب التي استعرت نارها في جميع الدول اليونانية، وهي كانت أشد هولاً من الحرب بين اليونان والفرس، أو بين أثينا وإسبرطة!

وبصفه عامة، فإن كل من يطالع تاريخ العالم، ويعرف أن أكثر الحروب في العالم أو كلها نشبت بسبب حمية الفخر لعصبية ما، فالألمان يعتقدون أن قومية "**الجرمان**" تفوق القوميات الأخري، والأوربيون يفضلون البيض على غيرهم، وتأتي النظرية العنصرية التي شيدها جوبينو (1816 – 1882م) مع علماء أجناس آخرين، لتشيد أسطورة عروق الشمال، وحصرت الرقي بها والانحطاط بغيرها ... وأرست قاعدة راسخة للوعي العنصري الذي يعود تاريخة

إلى القرن السادس عشر الميلادى، حيث لم تكن قبله دراسات حول الأجناس والتفاضل بينها، سوى إشارات وانطباعات لاهوتية، وهي رغم عمقها لم تنطلق من قاعد عملية أنثروبولوجية. وكان الفلاسفة في أكبر بلدان أوربا وأمريكا، لديهم من البراهين الذرائعية ما يدل على أنهم "**يتمتعون بالتفوق على الشعوب الأخرى وأنه مقدر لهم أن يطوعوا جميع الشعوب لمطلق إرادتهم**".

ولقد بلغت العنصرية الأوربية ذروتها التاريخية بالنازية، حيث استجمعت قواها، استكملت زخمها وركزت ثقلها لتتحول من مجرد ظواهر متقعطة إلى منهج عملى صارم وشامل التطبيق في مجالات السياسة والاجتماع والثقافة والعلوم الفنون والآداب، فلقد كان النازية التى تعبر عن قمة النشاط العنصري في العالم خلال القرن العشرين بصورة متميزة ومثيرة، ذلك أن النازية لم تكن مجرد مذهب سياسى، وإنما كانت بمنزلة روحٍ خبيثة تسرع في الضمير الأوروبي .. وتغلي بها دماء العرق الأري حتى لقد جد منهم ما ضرب صفحاً بالقيم والمثل الإنسانية كافة على تفاوت درجاتها.

وعلى صعيد أخر، فإن الصراع بين الصهيونية اليهودية والنارية الهتلرية كان قائماً — من حيث الشكل — عل أساس التعارض فى أولويات التفوق؛ فاليهود يرون تفوقهم الجنسي السامي مؤكداً

بصورة مطلقة؛ أما الألمان، فيرون تفوق الجنس الأري بشكل لا جدال فيه، بين الأريين كليهما حصل النزاع ووقع الصراع فـ "**الصهيونية تفسير قبلي متعسف ومزيف لإرادة الله وذلك لإخفاء نواياها الدفينة وأهدافها السياسية**"، ولقد ظنت البشرية بوفاة "**هتلر**" أنها ستكون نهاية الحقبة العنصرية في التاريخ، إلا أن النتيجة المؤسفة التى توصل إليها خبراء منظمة اليونسكو قد أشارت إلى أنها "**كانت نظرة ضيقة لأن فكرة التفوق العنصرى متأصلة فى غالبية البيض**".

والحقيقة أن جنون العظمة الذي كرستة الداروينية الاجتماعية لدى الغربيين قد عمق نشوة الإحساس بسمو الجنس واستعلاء العقل وبأن الاجتباء اللوني الأبيض له خصوصية غريبة تنبع من تصورات عنصرية مزعجة تجاة الآخر: "**الضعيف**"، "**الهمجي**"، "**غير الجميل**".

والإطار الفلسفى المتمركز حول المبادئ "**الانتخاب الطبيعي**" و"**البقاء للأقوى**" و"**الإنسان الأعلى**" ... وغيرها شمل جوانب عديدة من حياة المجتمعات الغربية دينياً وأدبياً وفلسفياً، وحتى في إطار فلسفة الجمال صار لواء البقاء وفقا لهذة المعطيات الفلسفية معقودا لـ "**الأجمل**"، هذا الأجمل هو صاحب اللون الأبيض الخمري والعينين الزرقاوين.

وانطلاقاً من الشعور الغامر بالثقة والتفوق الحضاري المبني على افتراضات غير أخلاقية في مجملها، يعتمد "**الرجل الأبيض**" أنه مكلف برسالة مقدسة لكنة يحمل عبء هذة الرسالة بحبور وجشع مشبوهين، فالمبشرون والتجار والعسكريون من مختلف الدول يتنافسون بشراسة وأحياناً تنافساً دامياً من أجل السيطرة على مناطق جديدة، هذه الأمراض العرقية والثقافية والدينية الوراثية الكامنة في عمق الفكر الغربي.

وتعد المدرسة الألمانية في الفكر الغربي قمة هذا الجموح العنصري، وقد كان لاحتلال الجيش الفرنسى ألمانيا وإمعانه في إهانتها – حكاماً ومحكومين – ردة فعل قوية قوية داخل أوساط المجتمع الألماني، ولا سيما مجتمع المفكرين والفلاسفة .. الأمر الذى شحذ عزيمتهم نحو استرداد هيبتهم وذاتيتهم المهانة وكرامتهم الجريحة واعتبارهم القومي المهدر ... فكان ذلك أحد أسرار تأجج النزعة القومية والاعتزاز العرقي والعصبي إلى درجة القومية الشوفينية أو العنصرية ولقد جاءت فى مقدمة "**أولئك، أثنان ممن تركوا أبرز بصماتهم على مسيرة الفكر والفلسفة ليس فى ألمانيا ولا فى أوروبا وحسب، بل فى العالم كلة تقريباً .. .... الفيلسوفان الألمانيان: فيخته وهيجل**".

ولقد جاء ذلك الجيل من الفلاسفة الألمان، ليقود أوروبا بكل قوة نحو تجديد الأفكار اليونانية الداروينية التقليدية التى ارتدت قناعاً فاشيا تارة، ونازيا تارة، ويمينياً قومياً تارة أخرى، فلقد نشأت النازية فى ألمانيا لكى تعطى الجنس الأرى التفوق والصفاء العرقي على باقي الأعراق الأخرى، يقول الفيلسوف الألماني "**هردر**" إن: "**الأجناس البشرية ليست متساوية في استعدادها للتحضر. فإذا كانت الأجناس تتمايز فيما بينها فى مظهرها الفيزيقي، فإنها تتفاوت أيضاً في مدى التأثر بمظاهر المدنية، وفي تمثُّلها لمقومات الحضارة؛ ومن ثم فهناك أجناس بشرية خُلقت للترقى وأخرى قُضي عليها بالتأخر**".

وكما وضع كل من هيجل وفيختة بذرة التفوق الأري للجنس الألماني، فاعتنقا نظرية النشؤ والإرتقاء والبقاء للأصلح مبكراً، حيث يقول فيختة: بأن "**الجنس الجرمانى هو: الجنس المختار، وأنه الجدير بالخلود والبقاء**". وبهذا تجدد ظهور الفكر العنصرى انطلاقا من ألمانيا، التى كانت منذ البدء، ولم تزل قاعدتة الكبرى؛ ففي عام 1807م ألقى فيختة خطاباً في الألمان، إبان الإحتلال الفرنسى لبرلين، قال فيه: "**أنتم وحدكم أيها الألمان من بين جميع الشعوب**

الحديثة: حاصلون على جرثومة التقدم الإنساني بأظهر ما تكون، فإذا هلكتم: هلكت معكم الإنسانية جمعاء".

ولئن كان فيخته واحداً من أكثر الفلاسفه الغربيين استنادًا إلى فكرة "**الأخلاقية القومية**" إلا أنه عوَّل كثيرا على قوة الطبقة البرجوازية "**الجديرة بالبقاء**" ودورها فى أصلاح الكنيسة؛ ذلك بأن هذه الطبقه من وجهة نظره: هي "**الأقوى بين الطبقات التي يمكن البرهنة على أن ما بقي من هو جدير بالتعظيم قد انبثق على هذه الطبقة**". وحين يفترض فيختة في هذة الطبقة التقى والاستقامة والتواضع والبساطة والتعاون ... فإنما يفترضة إستناداً إلى ما تحوزه من أهليات للحياة، ومن قدرة تاريخية على العطاء من أجل الاستمرار فى بقاء الجنس الألماني.

وهناك من يعزو نجاح ألمانيا إلى أنها كونت فى وسط أوروبا جداراً يعزلها عن العروق اللامتجانسة.

ووفقا لهذة الرؤية القومية المتعصبة، كان فيختة دائماً، يشير إلى تبعات هذا الشعور إزاء تأمين بقاء هذة الروح القومية عند أعلى مستوياتها من الأصالة والتألق والتأنق ... ويقول: بأن "**شعباً وفياً لطبيعتة يستطيع إذا ضاقت علية أرضه، أن يوسعها بغزو أرض الجار وبطرد سكانها الأصليين منها، وقد يريد تبديل أرض قاسية**

المناخ وتربتها مجدبة بمنطقة ألطف وأسخى، وفى هذه الحال يطرد منها أيضاً قاطنيها السالفين، وقد يعمد حين يمر بمرحلة الإنحلال إلى حملات نهب وقطع طرق لا من أجل أن يستولي على الأرض أو يحتل مكان أصحابها الطبيعين". ولقد كان التاريخ لدى فيختة، مساوياً في قيمته "**للتوراة وقيثارة المزامير، فإنه من الأجدر أن يضحى كتاباً شعبياً، كتاب الأمة والشعب**".

وإذا نظرنا إلى فلسفة هيجل التي كانت بمنزلة الوعاء الفلسفي الذى أنصبت فيه جميع تيارات الفلسفة القديمة، وتفرعت عنها جميع تيارات الفلسفة الحديثة: ولذا، يقولون إن ثورة ألمانيا كانت دائماً "**فلسفية**"، قد تجسدت بشكلها السياسى فى فرنسا وبعض دول أوروبا بأنساق متفاوتة ففي بداياته، هرب هيجل من الجغرافيا الألمانية المزعجة ... إلى التاريخ الذهنى لفلسفة اليونان، ذلك التاريخ الذى أراد الإنسان الغربى أن يصنعة، فلابد أن يكون واعياً بأن من أراد أن "**يحدد رغباته فإنما يوقع على هلاكه؛ فإن أحداً لا يريد أن يشارك أحداً فيما يمتلك وحده؛ كلُ يريد أن يسلب الأخر ما يخصه كلما استطاع إلى ذلك سبيلاً، فإذا هدأ أحدهم، فالسبب: إحساسه أنه على قوة تمكّنه من خوض معركة، ومتى أحس بالقوة الكافية نهض إليها**".

وحينما سطع نجم فلسفة هيجل فى سماء القرن التاسع عشر الغربى، كانت أشهر المقولات الهيجلية رواجاً: أن "**الآخر ضروري لوعي الذات، وبدونه ليست الذات شيئا؛ لأنها تعي نفسها بمقدار ما تعي الأخر**". ولكن الذات الواعية للآخر، التى يتحدث عنها هيجل بحسب قانون الحياة، هي، أولاً، ذات تتحدد من خلال التوتر بين المتناقضات إلى درجة الصراع مع الآخر، ونفية خارج الحدود الأخلاقية للتنافس الطبيعي في السياق العام للحياة الإنسانية.

وبصورة تنم عن عجز غريزي عن التكيف مع الآخر، وعدم قدرة على تحقيق مصالحة بين تناقضات النوع الإنساني إلا من منطق فوقي ضدي غير متوازن .. ولتتشكل في وعي الأقوى ملامح أخرى للعلاقة مع الأخر في حدود: السيد والعبد، حيث لا اعتبار لقيم التعددية والغيرية والتعايش المتكافئ المحترم. الأمر الذى يحدو بالأخر الأضعف حيلة إلى تعليق فعاليات هذه العلاقة، حتى يتسنى التحول بها إلى سياق أخر من الندية حينما تسنح الفرصة؛ ففي الفلسفة الهيجيلة نجد أن صراع المتناقضات يؤدي إلى التطور أو إلى إيجاد ظواهر وحالات جديدة على أنقاض القديمة.

وقد تبنَّى هيجل المنهج الديالكتيكى الذى لا يجد سبيلاً إلى حقائق الحياة إلا من خلال الصراع. فهو لم يفهم الجدل إلا على

أساس أنه "**مصالحة الأطراف المتضادة فيما بينهما**"، فالمصالحة تخلق التفاعل، والتفاعل ينتج المشكلات والقضايا ... وهذه الأخيرة تتسبب في الحرب .... ويلخص هيجل "**فلسفة الحرب في التاريخ**" بقوله: "**إن فترات السعادة فى العالم: هي فترات الخواء، فترات الإتفاق بدون صراع، ولكن الحرب نعمة؛ لأنها مطهرة، وهى تصلح من صحة الشعوب التى يفسدها طول السلام، كما يحفظ هبوب العواصف البحر من العطب لو أنة كان ساجياً ساكناً لمدة طويلة**".

ويمكننا تصوير فلسفة هيجل في جدليات الصراع والتناقض فى معادلة موجزة: **تدمير = بناء.**

خرافات: الداروينية والمالتوسية والندرة

لقد صنعت خرافات: "**الدارونية**" و"**المالتوسية**" و"**الندرة**"، الأرضية الخصبة لـ "**ثقافة الصراع**"، فمع العقود الأولى من القرن التاسع عشر، برزت فكرة الدولة الإقليمية فى فضاء الفكر الغربى، وأخذت خريطة العالم تتهيأ لأكبر عملية تغيير فى التاريخ، وصارت

أفكار التوسع الجغرافي الاستعماري موضوعاً ضمن أهم ترتيبات أجندة الحياة الغربية دائماً ... ولقد كان أسوأ ما في تلك الحركة الاستعمارية، أنها كانت مؤسسة على رؤى فلسفية غلبوية مفرطة في الغلو والتطرف ... وقد كان هناك هاجس في الضمير الأوروبي يقول بأنة بعد فترة وجيزة ستصبح المواد الأولية الضرورية **"لا تكفى لسد حاجة الصناعة التي امتدت إلى مناطق جديدة. وكان تطبيق الأساليب الحديثة في الإنتاج الضخم وسيلة لبعث الحركة الاستعمارية التى تزعمها الرجل الأبيض".**

ولقد كانت هناك نظريتان تنزلان العوامل البيولوجية في الصراعات السياسية منزلة الصدارة والإعتبار، هما: نظرية **"تنازع البقاء"** و**"النظرية العرقية"** .... وكانت هاتان النظريتان تعنيان بطبيعة تداعيات الصورة التى رسمها **تشارلز داروين** لتطور الأنواع الحيوانية فتنقلها من مجتمع الغابة التقليدية إلى ساحة المجتمعات الإنسانية؛ حيث ترى أن **"كل فرد لابد أن يصارع الأخرين ليبقى، ولا يبقى إلا من هو الأفضل"؛** فـ **"الانتقاء"** أو **"الانتخاب الطبيعي"** يكفل بقاء خيار الناس.

ونجد من الضرورة بمكان أن نحيط ببعض ما يلزم السياق من معان حول فكرة **"قانون تنازع البقاء"** لكل من: مالتوس وداروين،

فلما لم يكن ثمة تناسب بين ما تجود به البيئة الطبيعية من مقاومات الحياة، وبين ما يولد من كائنات عضوية بأعداد هائلة، كان لابد أن يحدث تصارع على هذه المقومات الحيابيئية بين أفراد كل نوع من المخلوقات على خلاف، ولكن لما كانت هناك مزايا وفروق بين أفراد النوع الواحد، كان لابد أن تتولى فرص وظروف الحياة الراقية لعدد من من أفراد كل نوع يحوز الفروق والمزايا الجيدة، بينما تعاكس تلك الظروف باقي الأفراد من النوع نفسه بالنظر لرداءة ما تحمله من مزايا وفروق ... ونتيجه لذلك الصراع المستمر ... سوف يكون الفوز للأقوى الأصلح. وهذا ما أصطلح عليه التطوريون بـ "**بقاء الأصلح**"؛ حيث اعتقدو أن "**الإنسان جاء إلى حيز الوجود بالصدفة البحتة وأنه حيوان تطور بالقتال من أجل البقاء**". ذلك ولم يكن للقيم والعقائد أى اعتبار فى رؤية **داروين** باعتبارها أحد معوقات صراع البقاء.

وفي الجزء الثاني من "**كفاحي**" الذي رفع عنه حجاب السرية مؤخراً يخصص هتلر الفصل الأول الحرب والسلام وفيه يقول:

"**إن السياسة هي التاريخ في مرحلة التشكل. التاريخ نفسه هو عرض لمسار كفاح شعب في سبيل الوجود. وأنا أتعمد استعمال عبارة الكفاح لأجل الوجود هنا لأنه، في الحقيقة، ذلك**

الكفاح من أجل الخبز اليومي، سواء في السلم أو الحرب، معركة أبدية ضد الآلاف والآلاف من العقبات، بالضبط كما هي الحياة نفسها كفاح أبدي ضد الموت. بالنسبة للرجال الذين لا يكادون يعرفون لماذا يعيشون كما يفعل أي كائن آخر في العالم. ووحدها الحياة مملوئة بالشوق للحفاظ على نفسها. المخلوق الأكثر بدائية يعرف فقط غريزة حفظ النفس، في المخلوقات التي تقف على درجة أعلى من السلم نقلت هذه الزوجة والطفل، وفي أولئك الذين يظلون أعلى وصولاً للجنس الكامل. بينما، على ما يبدو، يتنازل الإنسان عن غريزته الفردية لحفظ النفس لأجل النوع، في الحقيقة يخدمه رغم هذا إلى أقصى درجة. وليس نادراً التضحية بالنفس لأجل حياة الشعب، وبهذه التضحية من الفرد وحدها يتحقق له الاستمرار عبر إنكار الذات من الفرد. ومن هنا الشجاعة المفاجئة لأم في دفاعها عن صغيرها، والبطولة من رجل في الدفاع عن قومه. غريزتا الحياة القويتين الجوع والحب، موازيان لتعاظم غريزة حفظ النفس".

ويستطرد أدولف هتلر: "بينما يضمن تسكين الجوع الأبدي حفظ النفس، يضمن إشباع الحب استمرار النوع (الجنس). في الحقيقة هذان الدافعان هما المسيطران على الحياة. ورغم أن الأقلية

الهزيلة من محبي الجمال قد تقدم ألف احتجاج ضد مثل هذا الجزم، فإن حقيقة الوجود الخاص لكل منهم هو ما يفند احتجاجه. لا شيء مما صنع من لحم ودم يمكنه الهرب من القوانين التي اتخذت قرار مجيئه للوجود. وحالما يعتقد العقل الإنساني أنه أرفع منهما (اللحم والدم) يحطم تلك المادة الحقيقية التي هي حامل العقل".

"وعلى أية حال، ما ينطبق على الإنسان الفرد ينطبق أيضا على الأمم. وأي أمة ليست إلا مجموع قليل أو كثير من الكائنات الفردية المتماثلة. وقوتها تكمن في قيمة الكائنات الفردية التي تشكلها في حد ذاتها، وكذلك في الشخصية ومدى تشابه هذه القيم. نفس القوانينِ التي تُقرّرُ حياةَ الفردِ، وتشكل حاملا لها، هي نفسها بالنسبة للأمة. حفظ البقاء والاستمرار هي الدافع الأكبر وراء كل فعل، طالما كان هذا الجسد سليماً وصحياً ظاهرياً. لذا، فإن نتائج هذه القوانينِ العامّةِ للحياةِ سَتَكُونُ مماثلة بين الأمم، كما هي بين الأفرادِ".

"إذا، لكُلّ مخلوق على هذه الأرضِ، غريزة حفظِ النفسِ، وتهدف بشكل مزدوج إلى صيانة النفس وبقائها، وتلك قوتها الأكثر بدائية. ولكن قابلية الإشباع محدودة، ولذا فإن النتيجة

المنطقيّة لهذا هي الكفاح بأشكالِه كافة للبقاء على قيد الحياة وإشباع غريزة البقاء".

"لا حصر له عدد الكائنات الحية على الأرض، وغير محدود في أيَّةِ لَحظَةٍ في أفرادها غريزة البقاء وبالقدر نفسه الاستمرار طويلاً، رغم أن الفضاء الذي فيه تحقق فيه حياتهم جميعا محدود. الحرب من أجل البقاء والاستمرارِ في الحياةِ تشنها بلايين الكائنات الحية على بلايين الكائنات، وهي تحدث على سطح مجالٍ محسوب بالضبط. الاضطرار لخوض حرب البقاء يَكْمنُ في تقييدِ محدودية مساحة الحياة؛ لكن في صراع الحياة على فضاء الحياة تكمن أيضاً أسس التطور".

ويقول هتلر: "في عصور ما قبل الإنسان، تاريخ العالم صاغته في المقام الأول الأحداث الجيولوجية: كفاح قوى الطبيعية مع بعضهم البعض، خَلْق سطحِ غير صالح للسكنِ على هذا الكوكبِ، انفصال اليابس عن الماء، تشكل الجبالِ، مِنْ السهولِ، والبحارِ. هذا هو تاريخ العالم في هذا العصر. لاحقاً، بظهورِ الحياةِ العضويةِ، اهتمام الإنسان تركّزَ على عمليةِ المجيء والرحيل بأشكالها الكثيرة. وأخيراً، وفقط متأخراً جداً أصبح الإنسان يعرف نفسه، وبالتالي، بمفهوم التاريخ العالمي بَدأَ أولاً وصفة رئيسة وقبل

كل شيء فهم تاريخ وجوده، وتطوره الخاصِ. هذا التطورِ ميَّزه كفاح أبدي مِن البشر ضدّ الوحوشِ وضدّ البشر أنفسهم. مِنْ هذا التشوشِ الخفي للكائنات الحية ظَهرت أخيراً تشكيلات: العشائر، القبائل، الشعوب، الدول. إن وصفَ أصولِهم ورحيلهم ليس إلا تمثيلاً للصراع الأبدي من أجل الوجود".

"إذن، على أية حال، السياسة هي تاريخ حال صنعه، والتاريخ هو نفسه عرض لصراع والأمم لأجل وجودهم واستمرارهم، ومن ثم فإن السياسة هي، في الحقيقةِ، حكم بالإعدام على كفاح أمة لأجل الوجود. لكن السياسةَ ليست فقط كفاح أمة دفاعاً عن وجودها؛ بل هي بالأحرى بالنسبة لنا نحن البشر لنا رجال فَنُّ تَنفيذ هذا الكفاح. إذن التاريخ بوصفه عرضاً لصراع الأمم من أجل البقاء حتى اليوم هو في الوقت نفسه التمثيل المُرعَب للسياسةِ السائدة في لحظة مُعطاة، إنه المعلّمُ الأفضل لنشاطِنا السياسي".

"إذا المهمّةِ الأعلى للسياسة هي الحفاظ على بقاء واستمرار أمة، ومن ثم فإن هذه الحياةِ هي المهمة الأبدية التي يحارب لأجلها وعليها ولأجلها تقرِّر هذا الصراع. ومن هنا فإن مهمته هي الحفاظ على مادة صنعت من دم ولحم. نجاحه هو جعل

البقاء ممكناً. وفشله هو الدمارُ، ويعني، خسارة هذه المادةِ. ولذلك، فإن السياسة دائماً تقود الكفاح من أجل الوجود.

"من الضروري إبقاء هذا واضحاً، لأنه بسبب هذا، المفهومان – الحرب والسلام – سرعان ما ينهاران إلى العدم. لأن الجائزة التي يتم عليها الصراع السياسي هي دائماً الحياة نفسها، ونتيجة الفشلِ أَو النجاحِ بطريقة ما يتشابهان، بغض النظر عن الوسائلِ التي تحاول السياسة بها خوض صراع البقاء لحفظ حياة شعب. أي سياسة سلامٍ تَفْشلُ تقود مباشرة إلى دمار شعب، ما يعني، انقراض مادته من اللحم والدم عندما تجهض سياسة الحرب، في الحالةِ الوحيدة كما في غيرها، فإن سَلْب شروطِ الحياة يسبب انقِراض شعب. لذا فإن الأمم التي اختفت من ساحات الحرب؛ المعارك المفقودة بالأحرى حَرمتْهم وسائلِ لحفظِ الحياةِ، بتعبير أفضل، أدى غيابهم (عن ساحات الحرب) إلى مثل هذا الحرمان، أَو لم تكن قادرة على مَنْعه".

"سَنَة واحدة مِنْ تحديدِ النسل في أوروبا تَقْتلُ من الناسَ أكثرَ مِنْ كُلّ أولئك الذين سَقطوا في الحروب، منذ الثورةِ الفرنسيةِ إلى يومِنا، في كُلّ حروبِ أوروبا وضمن ذلك الحرب العالميةِ. لكن هذه نتيجة السياسة الاقتصادية السلمية التي بسببها أوروبا

مزدحمة بدون وجود مجال لتطوير صحّي بشكل أكبر لعدد مِنْ الأممِ.

عُموماً، يجب تذكر ما يلي: "ما إن ينسى قوم أن مهمة السياسةِ أَن تستبقي حياتَها بكُلّ الوسائل وطبقاً لكُل الإمكانيات، وبدلاً مِن ذلك تهدف لإخضاع السياسةِ إلى نمط محدد من الفعل، تحطم المعنى الداخليَ لفَن قيَادَة الأمة في كفاحها الفاجع لأجل الحرية والخبز".

إنه نموذج للانحطاط والدموية التي وصل إليها الفكر الألماني في على يد النازي.

الباب الرابع
ثقافة السلام

الفصل الأول:
أسس ثقافة السلام

أول أسس ثقافة السلام أنها ثقافة "**حق**" لا ثقافة "**واقعية**" تتخذ الشعار طريقاً لتبرير الظلم، لكنها في الوقت نفسه ثقافة إصلاح تحاول أن تمنع بعض "**المغرضين**" والكثيرين من أصحاب النوايا الحسنة من معالجة "**خطأ**" بارتكاب خطيئة. لقد تم وضع السلام في القائمة السوداء بسبب ظرف طارئ عمره لا يتجاوز عدة عقود بينما ثقافتنا العربية الإسلامية على امتداد قرون كانت ثقافة سلام مع النفس ومع البيئة المحيطة ومع العالم، فجأة أصبحت "**ثقافة السلام**" تعبيراً مثيراً للريبة، وهي في الحقيقة ريبة في غير محلها، ليس فقط لأن السلام حالة نبيلة تتفق مع الفطرة والسواء الإنساني والبنية التشريعية التي أرساها الإسلام، بل لأن السلام حق وواجب إنساني في آن وحد.

إن "**السلام**" موقف وليس مبدأً وكذلك "**الحرب**" وكلاهما وسيلة لإحقاق الحق، فإذا أصبح السلام مبدأ فقط تحول إلى

استسلام، لكن الحرب أيضاً إذا تحولت من وسيلة إلى غاية فهي انحطاط بالإنسانية من أفق التكريم السامي الذي ارتقت إليه بمنة إلهية لتسقط في درك الحيوانية الذي تتحكم فيه الغرائز.

فالحيوان لا يعرف المسافة التي تفصل بين الفعل ورد الفعل، وهذه المسافة بين الفعل ورد الفعل هي مناط التكريم وفضاء تحقق إنسانية الإنسان، والفاصل الذي يقف فيه الإنسان – الفرد أوالجماعة – ليسأل نفسه عن المشروعية القيمية والإجرائية لرد فعله، وكذلك البدائل المتاحة والأولويات وتراتبها.

وثقافة السلام من القضايا التي "**تَقرَّر**" بشكل غامض تصنيفها بوصفها "**شجرة محرمة**" في الثقافة العربية الإسلامية المعاصرة، وهو اختيار لم يكن ليعيننا على استرداد حق مسلوب، لأن استرداد هذا الحق مرهون فعلياً بكفاءة "**الدولة العربية**"، وليس مرهوناً بدرجة تشبع المجتمعات العربية بثقافة رفض السلام. وفي حقيقة الأمر فإن ثقافة السلام ليست مرادف "ثقافة الاستسلام" ولا نقيض "ثقافة المقاومة"، هي بل نقيض:

"ثقافة العنف"

و"ثقافة العدوان"

و"ثقافة الكراهية"

و "ثقافة العسكرة"

و "ثقافة الصراع"

وجميعها مفردات تخرج الإنسان حالته الفطرية، وفي إطار هذه الحالة فإن العدوان يستثير الغضب أما ثقافة الغضب التي تجعل هذه الحالة سمة دائمة وتمتدح ذلك وتسوغه فهي ثقافة معادية لإنسانية الإنسان وخلفها تأتي متلازمة من الأعراض تأتي على الأخضر واليابس ولا تتوقف عند ميدان العلاقة مع الآخر لتصبح ثقافة عنف شاملة: اجتماعية سياسية لا تستثني الكيانات الأصغر وصولاً إلى الأسرة الواحدة.

وعليه، فإن إدارة عملية تغيير مخطط واع محسوب لنشر ثقافة السلام مطلب إنساني لأجل مستقبل الإنسان ولا يجوز حشرها حشراً في سياق سياسي ضيق، وإذا لم يكن السلام مطلبا لنا كأفراد وكأمة فإن النتائج الكارثية للتصالح مع العنف وتطبيعه ستتجاوز آثارها بكثير العلاقة مع الآخر لتأكل المجتمعات العربية، فالعنف الاجتماعي المتصاعد ليس حصاد عوامل اجتماعية وحسب، والعنف السياسي الذي شهدته عدة أقطار عربية خلال العقود القليلة الماضية هو نتاج عوامل عديدة، في مقدمتها التغييب المتعمد المقصود المخطط الواعي لثقافة السلام.

من ثم فإن هذه الدراسة هي في مساحة ما هو اختياري في علاقة الإنسان بقافته ولا تسعى لأن ترد على المنطق الإقصائي بمنطق إقصائي مقابل، فالعنف بمعناه الواسع والحرب بصفة خاصة كانا على امتداد التاريخ الإنساني جزءا من حياة المجتمعات لكن ما تريد أن تقوله أن تحويل "**الجزء**" إلى "**الكل**" هو تلاعب بالمعايير تترتب عليه نتائج خطيرة، وتحويل الأصل إل فرع والفرع إلى أصل لا يثمر إلا ثقافة مختلة، وعندما تصاب الأمم بالدوار الثقافي نتيجة اختلال معايير التقييم فإن النتائج تكون مما لا يعلم إلا الله مداه.

وحصاد الجولة السريعة التي قمنا بها في التاريخ القديم وبخاصة التاريخ اليوناني القديم حافلة بالدروس والعبرة ومنها نستطيع أن نرسم صورة لرؤية البشر قديما لعلاقاتهم سلماً وحرباً، فالمتشائمون رأوا الحرب "**حتمية**" تفرضها عليهم قوى خفية أشبه بقوى القدر، وأن حماية الله هي وحدها القادرة على وقفها، والتبريريون رأوها أنها ظاهرة طبيعية للحفاظ على العدد المعقول من سكان الأرض!

لكن دور الفكرة في نشوب الحروب كان الدرس الأهم في هذه الرحلة في التاريخ القديم، فبعض المفكرين اعتبر أن تعاقب الحرب والسلام ظاهرة لا يمكن إنكارها بل يذهب بعضهم إلى أن تعاقب

الحرب والسلام أمر محتم كتعاقب الليل والنهار. أما التعصب القومي والوطني فكانا وقود الصراع في أغلب الحالات.

وقد عانت الإنسانية — ولا تزال تعاني — من نتائج ممارسات العنف وما خلفته الحروب من تدمير وضحايا لم يكد ينجو منها شعب. وعلى امتداد التاريخ تفشت النزاعات والحروب وأخذت الآثار والنتائج التدميرية الناتجة عنها تتضاعف مع تزايد التقدم التقني والعلمي الأمر الذي يثير الرعب من حدوث انفجار أو نزاع مسلح قد يؤدي إلى تدمير واسع وهو نفسه الرعب الذي عاشه العالم خلال سنوات **"الحرب الباردة"**.

ويتطلب تجنب الحروب والنزاعات وجميع ممارسات العنف إلى جانب الدعوات الأخلاقية، ضرورة التوقف عند جوهر وأسباب نشأة ممارسات العنف والعدوان وإدراك وفهم أن النزاعات يمكن أن يكون سببها في الأساس تعارض المصالح، إلا أن تعارض المصالح أو اختلافها يعتبر شيئاً طبيعياً وإنسانياً، والسلوك الذي يتم لحل النزاعات الناشئة عن هذا التعارض عندما يستخدم فيه العنف أو الحرب تكون نتيجته مدمرة على جميع الأطراف. ومن ثم يكون مهما إدراك أن السبب وراء ذلك هو وجود ثقافة تدعم قيم وممارسات الاستبداد والتمييز والهيمنة وعدم قبول الاختلاف وما يجعل العنف والعدوان

منهجا وفلسفة معتمدة تطبق على أي خلاف أو نزاع بداية من الاختلاف في الافكار أو العقائد حتى النزاع على النفوذ أو الموارد أو الحدود. وهو ما يصبغ المجتمع الذي تسود فيه مثل هذه الثقافة بطابع العنف واللا تفاهم.

وإحلال السلام ونبذ أساليب العنف لا يتوقف أو يرتبط فقط بعقد الاتفاقيات أو المعاهدات أو حتى باستصدار التشريعات والقوانين ولكنه يرتبط في الأساس بنشر واعتناق ثقافة جديدة هي "ثقافة السلام" التي تنبني على قيم التفاهم وقبول الاختلاف واحترام كرامة الإنسانية وعدم الاعتماد على العنف كمخرج لحل أية مشكلة مهما يكن نوعها. ويرتبط نشر ثقافة السلام بالتنشئة على قيمها ومفاهيمها، وهي عملية يجب أن تبدأ منذ الطفولة ويتضمنها نظام القيم التي تحتويها برامج التنشئة الاجتماعية والتربوية، وضمن ذلك المعلومات والقيم والمهارات الحياتية وأساليب التفكير وبناء العقل.

ولقد كانت هذه القضية في مقدمة اهتمامات العديد من المؤسسات الدولية والإقليمية والمحلية منذ فترة حيث بدأت بالجهود والدعوة إليها عقب انتهاء الحرب العالمية الثانية وما خلفته من دمار بصيحة للسلام دعا إليها **اتحاد النساء الديمقراطي العالمي** في مدينة فراكلو في بولندا عام 1949 وهو الاهتمام الذي عكسه فيما بعد

إعلان إشبيليا الصادر عن **منظمة اليونسكو** عام 1989 والذي وضعه علماء ينتسبون إلى بلدان الشمال والجنوب وحضارات الشرق والغرب.

ويؤكد هذا الإعلان أن الحرب اختراع وليست ضرورة بشرية أو حتمية بيولوجية وبالتالي يمكن استبدالها ومواجهتها بثقافة السلام التي يمكن أن تضع حداً للحروب والآلام التي تخلفها وذلك من خلال محاربة أنماط السلوك المرتبطة بالعنف وهي الأنماط التي تعيق بناء السلام على جميع الأصعدة سواء على مستوى العائلة أو على المستوى العالمي.

وينقل المفكر الإسلامي خالص جلبي عن الفليسوف اليوناني هيراقليطس قوله عن فلسفة الحرب بوصفها نقيضا لثقافة السلام إنها التي تفرق البشر وهي الفيصل بين الحرية والعبودية، ويضيف أن الأوربيون كانوا في الحرب العالمية الثانية يفرحون حينما يوقعون أكبر قدر من الخسائر في صفوف العدو.

ولعنة ثقافة الحرب حسب الكاتب معجب الزهراني أنها يمكن أن تحول ضحاياها إلى أبطال وشهداء أما ثقافة العمل فهي "مهنة" كأن من يحسنها يخضع لقيم جديدة غير مرغوب فيها المهنة للرجل تمتهنه وتهينه لأنها تمنعه من أن يصبح بطلاً معتبراً. والقضية هنا ليست

عدالة القضايا التي يحمل المقاتل سلاحه دفاعاً عنها، فهذا شأن آخر. لكن الخطر هو هذه الثقافة التي تعلم البشر حمل السلاح واستعماله قبل أن تعلمهم مهنة أخرى، فثقافة الحرب تحقر ثقافة العمل.

الفصل الثاني:
ثقافة السلام في الإسلام

إذا كانت هذه خلاصة الاجتهادات والأفكار التي تمخض عنها الفكر البشري في العصر القديم، فإن الإسلام يمثل مدرسة شديدة الأهمية والتفرد في إرساء أسس "**ثقافة السلام**" وأهمها:

أولاً:

أن القتال ليس حالة فطرية ولا طبيعية للإنسان كما ادعت مذاهب فلسفية قديمة ومعاصرة بل يتعارض مع الفطرة، والقرآن الكريم يتوجه للمؤمنين بالخطاب مقرراً حقيقة شديدة الأهمية هي أن القتال "مكروه": **"كُتِبَ عَلَيْكُمُ الْقِتَالُ وَهُوَ كُرْهٌ لَكُمْ وَعَسَى أَنْ تَكْرَهُوا شَيْئاً وَهُوَ خَيْرٌ لَكُمْ وَعَسَى أَنْ تُحِبُّوا شَيْئاً وَهُوَ شَرٌّ لَكُمْ وَاللَّهُ يَعْلَمُ وَأَنْتُمْ لا تَعْلَمُونَ" (البقرة – 216)**، فما هو مكروه من النبي وصحابته الطاهرين، فهو دون شك مكروه بمعايير الإنسانية السوية.

ثانياً:

أن قتال المعتدين واجب تفرضه الفطرة، وهو في الإسلام "**في سبيل الله**"، والأصل في القتال ألا يكون اعتداء لأن الله سبحانه وتعالى لا يحب المعتدين، قال تعالى: "**وَقَاتِلُوا فِي سَبِيلِ اللَّهِ الَّذِينَ يُقَاتِلُونَكُمْ وَلا تَعْتَدُوا إِنَّ اللَّهَ لا يُحِبُّ الْمُعْتَدِينَ**" (**البقرة – 190**)

ثالثاً:

أن القتال وسيلة وليس غاية في ذاته، بل إن الله يمن على المؤمنين أن كفاهم مؤنة القتال، قال تعالى عن غزوة الأحزاب: "**وَرَدَّ اللَّهُ الَّذِينَ كَفَرُوا بِغَيْظِهِمْ لَمْ يَنَالُوا خَيْراً وَكَفَى اللَّهُ الْمُؤْمِنِينَ الْقِتَالَ وَكَانَ اللَّهُ قَوِيّاً عَزِيزاً**"(**سورة الأحزاب – 25**)

رابعاً:

أن القتل الذي هو الفعل الرئيس في الحرب يمكن أن يصبح عدواناً على الإنسانية كلها إذا كان ظلماً، قال تعالى: "**مِنْ أَجْلِ ذَلِكَ كَتَبْنَا عَلَى بَنِي إِسْرائيلَ أَنَّهُ مَنْ قَتَلَ نَفْساً بِغَيْرِ نَفْسٍ أَوْ فَسَادٍ فِي الْأَرْضِ فَكَأَنَّمَا قَتَلَ النَّاسَ جَمِيعاً وَمَنْ أَحْيَاهَا فَكَأَنَّمَا أَحْيَا النَّاسَ جَمِيعاً وَلَقَدْ جَاءَتْهُمْ رُسُلُنَا بِالْبَيِّنَاتِ ثُمَّ إِنَّ كَثِيراً مِنْهُمْ بَعْدَ ذَلِكَ فِي الْأَرْضِ لَمُسْرِفُونَ**"(**سورة المائدة – 32**)

وفي السنة النبوية أصل عظيم الأهمية فعن **سَعِيدِ بْنِ عَمْرِو بْنِ سَعِيدِ بْنِ الْعَاصِ عَنْ أَبِيهِ عَنِ ابْنِ عُمَرَ – رضى الله عنهما – قَالَ قَالَ رَسُولُ اللَّهِ – صلى الله عليه وسلم – "لَنْ يَزَالَ الْمُؤْمِنُ فِى فُسْحَةٍ مِنْ دِينِهِ، مَا لَمْ يُصِبْ دَمًا حَرَامًا". (صحيح البخاري حديث رقم 6862)**، وفي مسند أحمد: **"حَدَّثَنَا عَبْدُ اللَّهِ حَدَّثَنِى أَبِى حَدَّثَنَا أَبُو النَّضْرِ حَدَّثَنَا إِسْحَاقُ بْنُ سَعِيدٍ عَنْ أَبِيهِ عَنِ ابْنِ عُمَرَ عَنِ النَّبِىِّ –صلى الله عليه وسلم– أَنَّهُ قَالَ: "لَنْ يَزَالَ الْمَرْءُ فِى فُسْحَةٍ مِنْ دِينِهِ مَا لَمْ يُصِبْ دَماً حَرَاماً". (مسند أحمد حديث رقم 5814)**.

وفي سنن أبي داوود: **"عَنْ أُمِّ الدَّرْدَاءِ عَنْ أَبِى الدَّرْدَاءِ أَنَّ رَسُولَ اللَّهِ – صلى الله عليه وسلم – قَالَ « لاَ يَزَالُ الْمُؤْمِنُ مُعْنِقًا صَالِحًا مَا لَمْ يُصِبْ دَمًا حَرَامًا فَإِذَا أَصَابَ دَمًا حَرَامًا بَلَّحَ". (سنن أبي داود حديث رقم 4272)**.

وهذا الأصل لا يتقصر على دم المؤمن بل يتعداه إلى كل دم حرام، وفي **السلسلة الصحيحة للألباني**، أنه صلى الله عليه وسلم قال: **"من قتل نفساً معاهدة بغير حقها لم يرح رائحة الجنة وإن ريح الجنة توجد من مسيرة مائة عام" (السلسة الصحيحة –**

حديث رقم حديث 2356- وورد بلفظ سبعين عاماً. وإسناده صحيح)

وهذا التغليظ في التحذير من سفك الدماء لا يعني أن الحرب كلمة ممنوعة في القاموس الإسلامي، بل يجب القتال أحياناً، فإذا وجب كانت حدوده وممكناته ومحرماته تحت سقف الشرع، فليس عنفا منفلتاً.

ولأنه محكوم بالشرع فإن هداية "**العدو**" فيه أهم من قتله أو هزيمته، ويعد درس غزوة خيبر من أهم الدروس في هذا السياق ففي صحيح البخاري: "حَدَّثَنَا عَبْدُ اللَّهِ بْنُ مَسْلَمَةَ الْقَعْنَبِيُّ حَدَّثَنَا عَبْدُ الْعَزِيزِ بْنُ أَبِي حَازِمٍ عَنْ أَبِيهِ عَنْ سَهْلِ بْنِ سَعْدٍ – رضى الله عنه – سَمِعَ النَّبِيَّ – صلى الله عليه وسلم – يَقُولُ يَوْمَ خَيْبَرَ "لأُعْطِيَنَّ الرَّايَةَ رَجُلاً يَفْتَحُ اللَّهُ عَلَى يَدَيْهِ". فَقَامُوا يَرْجُونَ لِذَلِكَ أَيُّهُمْ يُعْطَى، فَغَدَوْا وَكُلُّهُمْ يَرْجُو أَنْ يُعْطَى فَقَالَ "أَيْنَ عَلِيٌّ". فَقِيلَ يَشْتَكِي عَيْنَيْهِ، فَأَمَرَ فَدُعِيَ لَهُ، فَبَصَقَ فِي عَيْنَيْهِ، فَبَرَأَ مَكَانَهُ حَتَّى كَأَنَّهُ لَمْ يَكُنْ بِهِ شَيْءٌ فَقَالَ نُقَاتِلُهُمْ حَتَّى يَكُونُوا مِثْلَنَا. فَقَالَ "عَلَى رِسْلِكَ حَتَّى تَنْزِلَ بِسَاحَتِهِمْ" ثُمَّ ادْعُهُمْ إِلَى الإِسْلاَمِ" وَأَخْبِرْهُمْ بِمَا يَجِبُ عَلَيْهِمْ" فَوَاللَّهِ لأَنْ يُهْدَى بِكَ رَجُلٌ وَاحِدٌ خَيْرٌ لَكَ مِنْ حُمْرِ النَّعَمِ". (البخاري حديث رقم 2942).

188

فهذا حد من أهم حدود ثقافة السلام أن "**تهدي**" خير من أن تنتصر على عدوك أو تقتله.

ومن معالم ثقافة السلام في تشريعات القتال في الإسلام أن يكون القتل "**حسناً**" وهو أمر لم تعرفه البشرية قبل الإسلام حيث أصبح هناك ما يعرف بـ "**أخلاقيات القتال**"، قال رسول الله صلى الله عليه وسلم: "**إذا حكمتم فا عدلوا وإذا قتلتم فأحسنوا فإن الله محسن يحب المحسنين" (السلسة الصحيحة للألباني – حديث رقم 469)**. وأخلاقيات القتال تعني إخراجه من دائرة الصراع إلى دائرة التدافع، وهو ما ستشهد البشرة بسبب غيابه انتكاسة رهيبة في العلاقات الدولية، سببها تحويل الحروب مرة أخرى إلى صراع مفتوح لا قمة له ولا قاع ولا محرمات فيه.

والمؤسسة العسكرية في الإسلام ليست سوى أداة لتحقيق أهداف الحرب، وهي بالتالي ليست مطلقة اليد في القرار العسكري، وهي كذلك محكومة بضوابط للعمل في الميدان تمليها الشريعة وفي صحيح مسلم: "**عَنْ سُلَيْمَانَ بْنِ بُرَيْدَةَ عَنْ أَبِيهِ قَالَ كَانَ رَسُولُ اللَّهِ – صلى الله عليه وسلم – إِذَا أَمَّرَ أَمِيرًا عَلَى جَيْشٍ أَوْ سَرِيَّةٍ أَوْصَاهُ فِى خَاصَّتِهِ بِتَقْوَى اللَّهِ وَمَنْ مَعَهُ مِنَ الْمُسْلِمِينَ خَيْرًا ثُمَّ قَالَ "اغْزُوا بِاسْمِ اللَّهِ فِى سَبِيلِ اللَّهِ قَاتِلُوا مَنْ كَفَرَ بِاللَّهِ اغْزُوا وَ لاَ تَغُلُّوا**

وَلاَ تَغْدِرُوا وَلاَ تَمْثُلُوا وَلاَ تَقْتُلُوا وَلِيدًا وَإِذَا لَقِيتَ عَدُوَّكَ مِنَ الْمُشْرِكِينَ فَادْعُهُمْ إِلَى ثَلاَثِ خِصَالٍ - أَوْ خِلاَلٍ - فَأَيَّتُهُنَّ مَا أَجَابُوكَ فَاقْبَلْ مِنْهُمْ وَكُفَّ عَنْهُمْ ثُمَّ ادْعُهُمْ إِلَى الإِسْلاَمِ فَإِنْ أَجَابُوكَ فَاقْبَلْ مِنْهُمْ وَكُفَّ عَنْهُمْ ثُمَّ ادْعُهُمْ إِلَى التَّحَوُّلِ مِنْ دَارِهِمْ إِلَى دَارِ الْمُهَاجِرِينَ وَأَخْبِرْهُمْ أَنَّهُمْ إِنْ فَعَلُوا ذَلِكَ فَلَهُمْ مَا لِلْمُهَاجِرِينَ وَعَلَيْهِمْ مَا عَلَى الْمُهَاجِرِينَ فَإِنْ أَبَوْا أَنْ يَتَحَوَّلُوا مِنْهَا فَأَخْبِرْهُمْ أَنَّهُمْ يَكُونُونَ كَأَعْرَابِ الْمُسْلِمِينَ يَجْرِى عَلَيْهِمْ حُكْمُ اللَّهِ الَّذِى يَجْرِى عَلَى الْمُؤْمِنِينَ وَلاَ يَكُونُ لَهُمْ فِى الْغَنِيمَةِ وَالْفَىْءِ شَىْءٌ إِلاَّ أَنْ يُجَاهِدُوا مَعَ الْمُسْلِمِينَ فَإِنْ هُمْ أَبَوْا فَسَلْهُمُ الْجِزْيَةَ فَإِنْ هُمْ أَجَابُوكَ فَاقْبَلْ مِنْهُمْ وَكُفَّ عَنْهُمْ فَإِنْ هُمْ أَبَوْا فَاسْتَعِنْ بِاللَّهِ وَقَاتِلْهُمْ. وَإِذَا حَاصَرْتَ أَهْلَ حِصْنٍ فَأَرَادُوكَ أَنْ تَجْعَلَ لَهُمْ ذِمَّةَ اللَّهِ وَذِمَّةَ نَبِيِّهِ فَلاَ تَجْعَلْ لَهُمْ ذِمَّةَ اللَّهِ وَلاَ ذِمَّةَ نَبِيِّهِ وَلَكِنِ اجْعَلْ لَهُمْ ذِمَّتَكَ وَذِمَّةَ أَصْحَابِكَ فَإِنَّكُمْ أَنْ تُخْفِرُوا ذِمَمَكُمْ وَذِمَمَ أَصْحَابِكُمْ أَهْوَنُ مِنْ أَنْ تُخْفِرُوا ذِمَّةَ اللَّهِ وَذِمَّةَ رَسُولِهِ. وَإِذَا حَاصَرْتَ أَهْلَ حِصْنٍ فَأَرَادُوكَ أَنْ تُنْزِلَهُمْ عَلَى حُكْمِ اللَّهِ فَلاَ تُنْزِلْهُمْ عَلَى حُكْمِ اللَّهِ وَلَكِنْ أَنْزِلْهُمْ عَلَى حُكْمِكَ فَإِنَّكَ لاَ تَدْرِى أَتُصِيبُ حُكْمَ اللَّهِ فِيهِمْ أَمْ لاَ". (صحيح مسلم حديث رقم **4619** – وراجع أيضا سنن الترمذي حديث رقم **1715** – وسنن ابن ماجة حديث رقم

2967). وفي السلسلة الصحيحة للألباني: قال رسول الله صلة الله عليه وسلم: "**قل لخالد لا يقتلن امرأة ولا عسيفا**". (**السلسلة الصحيحة للألباني حديث رقم 701**).

وحتى تستقيم العلاقة بين المؤسسة السياسية والعسكرية وتتغول الأخيرة فتفرض "**ثقافة العسكرة**"، فلابد منن إبقائها "**وسيلة**" ومحاسبتها على أدائها وقد الرسول صلى الله عليه وسلم يحاسب القادة والجند بصرامة على كل ما يشكل خروجا عن آداب الحرب وقواعد الشرع المنظمة لها، وفي السلسلة الصحيحة للألباني، قال صلى الله عليه وسلم: "**ما بال قوم جاوزهم القتل اليوم حتى قتلوا الذرية فقال رجل يا رسول الله إنما هم أولاد المشركين، فقال: ألا إن خياركم أبناء المشركين. ثم قال: ألا لا تقتلوا ذرية. قال: كل نسمة تولد على الفطرة حتى يهب عنها لسانها فأبواها يهودانها وينصرانها**". (**السلسلة الصحيحة للألباني حديث رقم 402**).

والخير في ثقافة السلام يتجاوز المؤمن والمعاهد والذمي إلى العدو، فالأسير مقاتل وقع في أسر عدوه، لكنه في الإسلام موضع رحمة، وفي صحيح البخاري: "**عَنْ أَبِي مُوسَى – رضى الله عنه – قَالَ قَالَ رَسُولُ اللَّهِ – صلى الله عليه وسلم – "فُكُّوا الْعَانِىَ –**

يَعْنِي الأَسِيرَ – وَأَطْعِمُوا الْجَائِعَ وَعُودُوا الْمَرِيضَ". (صحيح البخاري حديث رقم 3046).

ومن الدروس البليغة في سيرة الصحابة التي تشكل معلما من معالم ثقافة السلام قصى الصحابي الجليل خبيب بن عدي الأنصاري وهو "بدري" أي أنه شهد بدراً. وكان خبيب بن عدي قد أسر يوم الرجيع في سرية، **فعن أبي هريرة أنه بعث رسول الله صلى الله عليه وسلم عشرة رهط عيناً، وأمر عليهم عاصم بن ثابت بن أبي الأقلح الأنصاري، فانطلقوا حتى إذا كانوا بين عسفان ومكة، عرف بأمرهم حي من هذيل يقال لهم: بنو لحيان، فنفروا إليهم بقريب من مائة رجل رام، فاقتصوا آثارهم فأحاط بهم القوم فقالوا: انزلوا وأعطونا بأيديكم ولكم العهد والميثاق أن لا نقتل منكم أحداً، فقال عاصم بن ثابت أمير القوم: أما أن فوالله لا أنزل في ذمة كافر، اللهم أخبر عنا نبيك، فرموهم بالنبل، فقتلوا عاصماً في سبعة، ونزل إليهم ثلاثة نفر على العهد والميثاق، فيهم: خبيب الأنصاري، وزيد بن الدثنة، ورجل آخر، فلما استمكنوا منهم أطلقوا أوتار قيسهم فربطوهم بها، فقال الرجل الثالث: هذا أول الغدر، والله لا أصبحكم، إن لي بهؤلاء لأسوة، يريد القتلى،**

فجروه وعالجوه، فأبى أن يصبحهم فقتلوه، وانطلقوا بخبيب وزيد بن الدثنة حتى باعوهما بمكة بعد وقعة بدر.

فابتاع بنو الحارث بن عامر بن نوفل بن عبد مناف: خبيباً، وكان خبيب هو قتل الحارث بن عامر بن نوفل يوم بدر، فلبث خبيب عندهم أسيراً حتى أجمعوا قتله. ودفعوه إلى عقبة بن الحارث فسجنه في داره وكانت امرأة عقبة تقوته وتفتح عنه وتطعمه وقال لها: إذا أرادوا قتلي فآذنيني. ومكث خبيب عندهم أسيراً حتى إذا اجتمعوا على قتله استعار موسى من إحدى بنات الحارث ليستحد بها فأعارته. فدرج بني لها، قالت: وأنا غافلة، حتى أتاه فوجدته مجلسه على فخذه والموسى بيده، قالت: ففزعت فزعة خبيب، فقال: أتحسبين أني أقتله؟ ما كنت لأفعل ذلك، فكانت تقول ما رأيت أسيراً خيراً من خبيب".

وفي رسالة من أمير المؤمنين عمر بن الخطاب إلى سعد ابن أبي وقاص وكان قائد جيش يوصيه بأهل الذمة قائلاً: "نح منازلهم عن قرى أهل الصلح الذمة فلا يدخلها من أصابك المن تثق بدنية ولا يرزأ أحد من أهلها شيئاً، فان لهم حرمة وذمة ابتليتم بالوفاء بها، كما ابتلو بالصبر عليها فإن صبروا لكم فتولهم خيراً ولا تتنصروا على أهل الحرب بظلم أهل الصلح".

193

ويرى الأستاذ حسن البنا كما ورد في كتابه "**السلام في الإسلام**" أن من ملامح ثقافة السلام في الإسلام المساواة التامة، فالجنس الإنساني مكرم كله مفضل على كثير من المخلوقات: "**وَلَقَدْ كَرَّمْنَا بَنِي آدَمَ وَحَمَلْنَاهُمْ فِي الْبَرِّ وَالْبَحْرِ وَرَزَقْنَاهُمْ مِنَ الطَّيِّبَاتِ وَفَضَّلْنَاهُمْ عَلَى كَثِيرٍ مِمَّنْ خَلَقْنَا تَفْضِيلاً**" (الاسراء:70)، والناس جميعًا مخاطبون بهذه الدعوة الإسلامية، وكثيرًا ما يستفتح الخطاب في القرآن الكريم بيا أيها الناس إشارة إلى عموم هذه الرسالة، وتسويتها بين الناس في الحقوق والواجبات. وإلى جانب المساواة يقرر الإسلا معاني معاني الرحمة والحب والإيثار والإحسان ولقد دعم الإسلام هذه المعاني النظرية والمراسيم العملية ببث أفضل المشاعر الإنسانية في النفوس من حب الخير للناس جميعًا، والترغيب في الإيثار، ولو مع الحاجة: "**وَيُؤْثِرُونَ عَلَى أَنْفُسِهِمْ وَلَوْ كَانَ بِهِمْ خَصَاصَةٌ وَمَنْ يُوقَ شُحَّ نَفْسِهِ فَأُولَئِكَ هُمُ الْمُفْلِحُونَ**" (الحشر: من الآية9)، والإحسان في كل شيء حتى في القتل "**وَأَحْسِنُوا إِنَّ اللَّهَ يُحِبُّ الْمُحْسِنِينَ**" (البقرة: من الآية195)، "**إِنَّا لا نُضِيعُ أَجْرَ مَنْ أَحْسَنَ عَمَلاً**" (الكهف: من الآية30)، "**إِنَّ اللَّهَ يَأْمُرُ بِالْعَدْلِ وَالْإِحْسَانِ**" (النحل: من الآية90).

وتقرير عواطف الرحمة حتى مع الحيوان، فأبواب الجنة تفتح لرجل سقى كلبًا، وتبتلع الجحيم امرأة؛ لأنها حبست هِرَّةً بغير طعام، كما جاء ذلك وغيره من كثير من مثله في أحاديث النبي محمد- صلى الله عليه وسلم- حتى استغرب أصحابه، وقالوا: "**وإنَّ لَنَا فِي البَهَائِمِ لأجرًا يَا رَسُول الله؟ قال:"نَعَم، فِي كُلِّ ذَاتِ كَبِدٍ رَطبَةٍ أجرٌ**" (رواه البخاري)، ويعلق البنا قائلاً: "**ولا شك أن هذه المشاعر هي التي تفيض على صاحبها أفضل معاني الإنسانية وتوجهه إلى تقدير قيمة الأخوة العالمية**".

وإن التاريخ ليحدثنا أن المجتمع الإسلامي سعد بتحقيق هذه المعاني في كل عصر من العصور التي ازدهرت فيها دعوة الإسلام، وطبقها المؤمنون فيها تطبيقًا صحيحًا، ففي عهد النبوة كان "**سلمان**" الفارسي إلى جانب "**صهيب**" الرومي إلى جوار "**بلال**" الحبشي، ومعهم في نسق واحد "**أبو بكر**" القرشي تضمهم جيمعًا أخوة الإسلام: "**وَاذْكُرُوا نِعْمَتَ اللَّهِ عَلَيْكُمْ إِذْ كُنْتُمْ أَعْدَاءً فَأَلَّفَ بَيْنَ قُلُوبِكُمْ فَأَصْبَحْتُمْ بِنِعْمَتِهِ إِخْوَانًا**" (آل عمران :من الآية 103)، ولم تعرف التعصبات الجنسية إلاَّ يوم ضعف شعور المسلمين بسلطان التوجيه الإسلامي الصحيح واجتاحتهم شياطين التقليد فانحرفوا عن هذا الصراط المستقيم.

وبالنسبة للشريعة فإن البنا يقرر أنها شريعة السلام ودين المرحمة ما في ذلك شك لا يخالف في هذا إلا جاهل بأحكامه أو حاقد على نظامه أم مكابر لا يقتنع بدليل ولا يسلم ببرهان، واسم الإسلام نفسه مشتق من صميم هذه المادة مادة السلام، والمؤمنون بهذا الدين لم يجدوا لأنفسهم اسمًا أفضل من أن يكونوا المسلمين: "**مِلَّةَ أَبِيكُمْ إِبْرَاهِيمَ هُوَ سَمَّاكُمُ الْمُسْلِمِينَ مِنْ قَبْلُ وَفِي هَذَا لِيَكُونَ الرَّسُولُ شَهِيدًا عَلَيْكُمْ وَتَكُونُوا شُهَدَاءَ عَلَى النَّاسِ**" (الحج: من الآية78)، وحقيقة هذا الدين ولبه الإسلام لرب العالمين: "**بَلَى مَنْ أَسْلَمَ وَجْهَهُ لِلَّهِ وَهُوَ مُحْسِنٌ فَلَهُ أَجْرُهُ عِنْدَ رَبِّهِ وَلا خَوْفٌ عَلَيْهِمْ وَلا هُمْ يَحْزَنُونَ**" (البقرة:112)، ﴿**إِذْ قَالَ لَهُ رَبُّهُ أَسْلِمْ قَالَ أَسْلَمْتُ لِرَبِّ الْعَالَمِينَ**﴾ (البقرة: 131)، "**وَأُمِرْنَا لِنُسْلِمَ لِرَبِّ الْعَالَمِينَ**" (الأنعام: من الآية71).

وويرسم البنا صورة مليئة بالتفاصيل عن الوجود الظاهر للسلام، لفظاً ومعنى، في الإسلام فيقول: "**تحية أهل الإسلام فيما بينهم: السلام عليكم ورحمة الله وبركاته – وختام الصلاة عندهم سلام على اليمين وسلام على اليسار وسلام في الأمام، إن كانوا يصلون خلف إمام كأنهم يبدأون أهل الدنيا من كل نواحيها بالسلام بعد أن فارقوها بخواطرهم لحظات انصرفوا فيها لمناجاة الله**

الملك العلام. وقد نزل القرآن الكريم في ليلة كله سلام تحف به ملائكة السلام: "إِنَّا أَنْزَلْنَاهُ فِي لَيْلَةِ الْقَدْرِ (1) وَمَا أَدْرَاكَ مَا لَيْلَةُ الْقَدْرِ (2) لَيْلَةُ الْقَدْرِ خَيْرٌ مِنْ أَلْفِ شَهْرٍ (3) تَنَزَّلُ الْمَلائِكَةُ وَالرُّوحُ فِيهَا بِإِذْنِ رَبِّهِمْ مِنْ كُلِّ أَمْرٍ (4) سَلامٌ هِيَ حَتَّى مَطْلَعِ الْفَجْرِ" (سورة القدر 1 – 5).

وأفضل ما يلقى الله به عباده تحية السلام: "تَحِيَّتُهُمْ يَوْمَ يَلْقَوْنَهُ سَلامٌ وَأَعَدَّ لَهُمْ أَجْرًا كَرِيمًا" (سورة الأحزاب 44)، وخير ما يستقبل الملائكة به الصالحين من عباد الله في جنة السلام: "وَالْمَلائِكَةُ يَدْخُلُونَ عَلَيْهِمْ مِنْ كُلِّ بَابٍ سَلامٌ عَلَيْكُمْ بِمَا صَبَرْتُمْ فَنِعْمَ عُقْبَى الدَّارِ" (سورة الرعد 23 – 24)، والجنة نفسها اسمها دار السلام "لَهُمْ دَارُ السَّلامِ عِنْدَ رَبِّهِمْ وَهُوَ وَلِيُّهُمْ بِمَا كَانُوا يَعْمَلُونَ" (سورة الأنعام 127)، "وَاللَّهُ يَدْعُو إِلَى دَارِ السَّلامِ وَيَهْدِي مَنْ يَشَاءُ إِلَى صِرَاطٍ مُسْتَقِيمٍ" (سورة يونس 25)، والله – تبارك وتعالى – اسمه السلام: "هُوَ اللَّهُ الَّذِي لا إِلَهَ إِلَّا هُوَ الْمَلِكُ الْقُدُّوسُ السَّلامُ" (سورة الحشر 23)، ولن يتأخر المسلم عن الاستجابة لدعوة السلام ولن يردها أبدًا: "وَإِنْ جَنَحُوا لِلسَّلْمِ فَاجْنَحْ لَهَا وَتَوَكَّلْ عَلَى اللَّهِ إِنَّهُ هُوَ السَّمِيعُ الْعَلِيمُ" (سورة الأنفال 61)، "

بل يذهب البنا إلى حد القول بأنه "ليست في الدنيا شريعة دينية ولا نظام اجتماعي فرض السلام تدريبًا عمليًا، واعتبره شعيرة من شعائره وركنًا من أركانه كما فرض الإسلام رياضة النفس على السلام بالإحرام في الحج، فمتى أهلّ المسلم به فقد حرم عليه منذ تلك اللحظة أن يقص ظفرًا أو يحلق شعرًا أو يقطع نباتًا أو يعضد شجرًا أو يقتل حيوانًا أو يرمي صيدًا أو يؤذي أحدًا بيد أو لسان حتى ولو وجد قاتل أبيه وجهًا لوجه لما استطاع أن يمسه بشيء": "فَلا رَفَثَ وَلا فُسُوقَ وَلا جِدَالَ فِي الْحَجِّ" (البقرة 197)، فهو بهذا الإحرام قد أصبح سلمًا لنفسه سلمًا لغيره من إنسان أو حيوان أو نبات.

والإسلام دين الرحمة، فهي قرين السلام في تحية المسلمين، ونبي الإسلام إنما أرسله الله رحمة للعالمين، وشعار المسلم الذي يردده قبل كل قول أو عمل "بسم الله الرحمن الرحيم"، والوصية بين المؤمنين الصبر والمرحمة: "ثُمَّ كَانَ مِنَ الَّذِينَ آمَنُوا وَتَوَاصَوْا بِالصَّبْرِ وَتَوَاصَوْا بِالْمَرْحَمَةِ" (سورة البلد17).

لقد فتحت أبواب الجنة، وشملت مغفرة الله تعالى ومنته رجلاً سقى كلبًا يلهث يأكل الثرى من العطش، روى "البخاري" و"مسلم" وغيرهما عن "أبي هريرة" قال: قال رسول الله صلى الله

عليه وسلم: "بينَمَا رَجُلٌ يمشي بطريقٍ اشتدَّ عليه العطشُ فوَجَدَ بئرًا، فَنَزَلَ فيها فَشَرِبَ ثمَّ خَرَجَ، وإذا كلبٌ يَلهثُ يأكلُ الثَّرى مِنَ العَطَشِ، فقال الرَّجل: لَقَد بَلَغَ هَذَا الكلبُ مِنَ العَطَشِ مِثل الذي كانَ بَلَغَ مِنّي، فَنَزَلَ البِئرَ فملأَ خُفَّهُ مَاءً، ثمَّ أمسَكَهُ بفِيهِ حتَّى رَقَى فَسَقَى الكلبَ فشَكَرَ اللهُ- تعالى- لهُ فَغفرَ لهُ. قالوا يا رسول الله :وإنَّ لَنا فِي البَهَائِمِ أجرًا؟ قال: فِي كُلِّ كَبِدٍ رِطْبَةٍ أجرٌ". وفتحت أبواب النار لامرأة حبست هرة وقست عليها، روى "البخاري "و"مسلم" أن "ابن عمر" قال: قال رسول الله صلى الله عليه وسلم: "دخلت امرأةٌ النَّارَ فِي هِرَّةٍ ربطَتَهَا فَلا هِيَ أطعمَتهَا ولاَ هِيَ تَركَتهَا تَأكُلُ مِن خَشَاشِ الأرضِ".

وقد تميز الإسلام في هذا الميدان برفضه فلسفة "**الصراع**"، لأنه يؤدي إلى أن يصرع القوي الضعيف فيزيله وينهي التنوع والتعدد والتمايز والاختلاف، التي هي سنة من سنن الله في سائر عوالم المخلوقات. رفض الإسلام فلسفة "**الصراع**"، وأحل محلها فلسفة "**التدافع**" الذي هو حراك يعدّل المواقف، ويعيد التوازن، مع بقاء التعددية والتعايش والحوار والتفاعل بين مختلف الفرقاء. إن الإسلام لا

يريد "**الصراع**" الذي ينهي "**الآخر**"، وإنما "**التدافع**" الذي هو حراك يحل التوازن محل الخلل الذي يصيب علاقات الفرقاء المتمايزين.

كذلك يرفض الإسلام الفلسفات التي اعتبرت القتل والقتال وإزهاق الأرواح جبلّة جُبل عليها الإنسان وغريزة من غرائزه المتأصلة فيه. وفي مواجهة هذه الفلسفات التي ذهبت إلى حد اعتبار الحرب طريقاً من طرق التقدم والتطور(!) يقرر الإسلام أن القتال هو الاستثناء المكروه وليس القاعدة. إنه ضرورة تُقدر بقدرها: "كُتِبَ عَلَيْكُمُ الْقِتَالُ وَهُوَ كُرْهٌ لَكُمْ" (البقرة: 216)، وليس هناك "مكتوب" و"مفروض" وصف في القرآن الكريم بأنه "كُرْهٌ" سوى القتال.

ولقد بينت السنة النبوية وأكدت هذه الفلسفة الإسلامية إزاء القتال. فقال رسول الله صلى الله عليه وسلم: "**لا تتمنوا لقاء العدو، واسألوا العافية، فإذا لقيتموهم فاثبتوا وأكثروا ذكر الله**" (رواه الدارمي). وحتى هذا القتال الذي كتب على المسلمين وهو كُره لهم والذي وقف به الإسلام ودولته عند حدود القتال الدفاعي لحماية حرية العقيدة وحرية الدعوة من الفتنة — التي هي أكبر من القتل المادي — ولحماية حرية الوطن الذي بدونه لا يُقام الإسلام... حتى هذا القتال — الاستثناء والضرورة — قد وضع الإسلام ودولته له

"**دستوراً أخلاقياً**" تجاوز في سموه كل المواثيق الدولية التي تعارف عليها المجتمع الدولي نظرياً (!) بعد أربعة عشر قرناً من ظهور الإسلام، وتطبيق المسلمين لقواعد الدستور الأخلاقي لهذا القتال.

ولقد صاغ أبو بكر الصديق رضي الله عنه وهو رأس الدولة قواعد هذا الدستور الأخلاقي للقتال والحرب في وثيقة إسلامية عندما أوصى قائد جيشه يزيد بن أبي سفيان وهو يودعه أميراً على الجيش الذاهب لرد عدوان البيزنطيين في الشام، فقال في وثيقة الوصايا العشر: "**إنك ستجد قوماً زعموا أنهم حبَّسوا أنفسهم لله (الرهبان) فدعهم وما زعموا أنهم حبّسوا أنفسهم له (...) وإني موصيك بعشر: لا تقتلن امرأةً ولا صبيّاً، ولا كبيراً هرماً، ولا تقطعن شجراً مثمراً، ولا تخرّبن عامراً، ولا تعقرن شاة ولا بعيراً إلا لمأكلة، ولا تحرقن نخلاً، ولا تفرقنه، ولا تغْلُل، ولا تجْبُن**"(رواه مالك في الموطأ).

فمعيار الإسلام ودولته في السلم والسلام أو الحرب والقتال ليس "**الإيمان**" و"**الكفر**" ولا "**الاتفاق**" و"**الاختلاف**"، وإنما هو التعايش السلمي بين الآخرين وبين المسلمين، أو عدوان الآخرين على المؤمنين بالفتنة في الدين أو الإخراج من الديار. وعن هذا المعيار للعلاقة بين الإسلام وبين الكافرين به والمنكرين له يقول القرآن الكريم: "**لاَ يَنْهَاكُمُ اللهُ عَنِ الَّذِينَ لَمْ يُقَاتِلُوكُمْ فِي الدِّينِ وَلَمْ يُخْرِجُوكُم**

مِن دِيَارِكُمْ أَن تَبَرُّوهُمْ وَتُقْسِطُوا إِلَيْهِمْ إِنَّ اللهَ يُحِبُّ الْمُقْسِطِينَ * إِنَّمَا يَنْهَاكُمُ اللهُ عَنِ الَّذِينَ قَاتَلُوكُمْ فِي الدِّينِ وَأَخْرَجُوكُم مِنْ دِيَارِكُمْ وَظَاهَرُوا عَلَى إِخْرَاجِكُمْ أَنْ تَوَلَّوْهُمْ وَمَنْ يَتَوَلَّهُمْ فَأُولَئِكَ هُمُ الظَّالِمُونَ" (سورة الممتحنة: 7 – 9).

ولقد طبق المسلمون هذا المعيار في العلاقات مع المخالفين، فكان اليهود – بدولة المدينة المنورة – جزءً من الرعية والأمة. ونص دستور هذه الدولة الإسلامية الأولى على أن "**لليهود دينهم وللمسلمين دينهم، ومن تبعنا من يهود فإن لهم النصر والأسوة، غير مظلومين ولا مُتنَاصر عليهم، وأن بطانة يهود كأنفسهم، وأن اليهود ينفقون مع المؤمنين ما داموا محاربين؛ على اليهود نفقتهم، وعلى المسلمين نفقتهم، وأن بينهم النصر على من حارب أهل هذه الصحيفة، وأن بينهم النصح والنصيحة والبر المحض من أهل هذه الصحيفة دون الإثم، لا يكسب كاسب إلا على نفسه، فيهود أمة مع المؤمنين**". وبالنسبة لعموم النصارى قررت المواثيق النبوية في هذه الدولة الإسلامية الأولى: "**أن لهم ما للمسلمين، وعليهم ما على المسلمين، وعلى المسلمين ما عليهم حتى يكونوا للمسلمين شركاء فيما لهم وفيما عليهم**". تلك حقيقة النظرة الإسلامية إلى القتال. إنه الاستثناء لا القاعدة، وهو الاستثناء المكروه

ولا يجوز اللجوء إليه إلا دفاعاً عن حرية الاعتقاد والضمير وحرية الوطن الذي بدون حريته يستحيل إقامة الاعتقاد الديني على النحو الذي أراده الله في شريعة الإسلام. تلك هي حقيقة القتال في الإسلام وتلك مقاصده. إنه مجرد شعبة من شعب الجهاد، وهو الاستثناء لا القاعدة، والضرورة التي تُقَدَّر بقدرها، وهو الفريضة المكروهة وليس الجِبلة التي تقود إلى التقدم كما زعمت فلسفات وثقافات خارج نطاق الإسلام.

الباب الخامس:
عندما تغيب ثقافة السلام

الفصل الأول:
"الاغتصاب" سلاحاً للدمار الشامل!

"أطلق النار على رأس رجل، وحز
عنق التالي له بسكين، واغتصب زوجته،
وأحرق المنزل، والباقون سيلوذون بالفرار،
وهذه أكثر الاستراتيجيات بدائية"
(وزير خارجية ألمانيا في
شهادة له على كارثة
مسلمي البلقان 1 / 4 / 1999)

لم تكن الحرب في أية مرحلة من تاريخ البشرية ضيفاً طارئاً،
بل إن التاريخ يكاد يكون "حرباً تلد أخرى". وكما أن لكل زمن
علومه فإن لكل زمن حروبه. وربما كانت الحروب أحد أهم
الاختبارات التي تكشف حقيقة رقي أخلاق الأمم أو تدنيها. فما
تفعله في حال غضبك في عدوك يحدد إلى أي مدى تستطيع أن
تأخذ نفسك بالحق أخذاً، وكذلك الشعوب. ومن يقرأ تاريخ الحروب
في مختلف مراحل التاريخ البشري يجد أنها حالة ممتدة من التسابق في

الكراهية وابتداع وسائل جديدة للصراع. ورغم أن البشرية عرفت الجيوش النظامية المحترفة منذ قرون طويلة، فإن هذه الجيوش كانت دائماً تخضع في أدائها للثقافة الأخلاقية السائدة في مجتمعاتها. ومع ظهور الدولة القومية المطلقة في الغرب تبلورت بالتدريج صورة أخرى لما يسمى "**الجيش النظامي**" بوصفه ذراع الدولة التي تحقق عن طريقها الأمن وتهدد أمن الخصوم.

وبظهور الجيوش النظامية اختفت صورة الفارس التقليدي الذي تشغله أخلاقيات الحرب بالقدر نفسه الذي تشغله كفاءته كمقاتل. وفي نهاية مسار التطورات لم تختف الفروسية وحسب، بل تكاد تختفي تماما فكرة وجود أخلاق — سامية كانت أو وضيعة — يجب على الأطراف المتصارعة الالتزام بها، وبتعبير آخر تضاءلت المسافة بين أخلاق الغابة كصورة مجازية وبين غابة حقيقية تعيش فيها البشرية.

والمثير للدهشة أن تجربة الاستعمار الغربي منذ بدأت الكشوف الجغرافية لم تشهد استخداما واسعا للاغتصاب الجنسي كوسيلة للصراع مع الخصوم، ربما بسبب الطبيعة العنصرية لمن قاموا بها إذ كانوا – غالباً – يفضلون تكريس انفصالهم عن "**الآخر**" الذي يقومون بغزوه، وكان رفض الاتصال به جنسياً — طوعاً أو كرهاً —

أحد أهم ملامح هذا الانفصال. وفي الحربين العالميتين اللتين شهدهما القرن العشرين حدثت عمليات إبادة واسعة واستخدمت القنبلة الذرية للمرة الأولى، ولم تحدث عمليات اغتصاب جماعي رغم شراسة المعارك واتساع الجبهات. ورغم ما كانت تعنيه هذه الحقائق من تحذير من درجة الدمار التي يمكن أن تصيب الجنس البشري جراء انطلاق الصراعات من عقالها دون اعتبار للحياة الإنسانية.

وفي النصف الثاني من القرن العشرين حاول اللاعبان الأساسيان على ساحة السياسة الدولية منع انتشار أسلحة الدمار الشامل ليس فقط لضمان استمرار انفرادهما بها بل لوجود قناعة لدى صناع القرار في المعسكرين بأن هذه الأسلحة لا يجوز أن يمتلكها أي نظام سياسي لا يدار بشكل **"عقلاني رشيد"**. وفي مواجهة حالات التوتر الدولية والإقليمية، وأحيانا بدافع إرضاء المشاعر القومية، التي شهدت صحوة ملحوظة في الربع الأخير من القرن العشرين على وجه الخصوص، بدأت الدول الصغيرة العاجزة عن امتلاك أسلحة الدمار الشامل بسبب الفقر الاقتصادي أو التقني تتسابق لامتلاك نوع رخيص من أسلحة الدمار الشامل هو: **"الأسلحة الكيمياوية والبيولوجية"** التي تشير التقارير باستمرار إلى انتشارها بدرجة أوسع.

وقد كان هذا إنذاراً لم يفهمه صناع القرار الذين صرفوا جهوداً ضخمة للسيطرة على انتشار الأسلحة دون بذل أدنى جهد لمنع انتشار "الحقد"، وقد كان الرئيس السوفيتي ستالين يقول لجنود الجيش السوفيتي في الحرب العالمية الثانية إن عليهم أن يحقدوا على الألمان حتى ينتصروا عليهم، وانتهت الحرب العالمية الثانية وزال النظام النازي وبقي الحقد في نفوس الروس. وفي عام 1972 وقع المستشار الألماني السابق فيلي برانت اتفاقية مع الاتحاد السوفيتي تنص على تسوية أية خلافات بين البلدين دون اللجوء للقوة، وهي الاتفاقية التي كان لها دور كبير في بناء جسور من الثقة بين الطرفين ظهرت نتائجها في عهد المستشار الألماني هيلموت كول الذي تمت وحدة ألمانيا على يديه.

وكانت النخبة السياسية في البلدين من الوعي بحيث أقدما على عقد الاتفاقية متجاوزين الميراث القديم، أما الجماهير على الجانبين فكانت أسيرة "الحقد المقدس"، ولذا جاء رد فعلها متشابها، فالقوميون الألمان اتهموا فيلي برانت بالخيانة والقوميون الروس عبروا عن مشاعرهم بالبكاء ــ الحقيقي لا المجازي ــ فالحقد إذا انتشر وتجذر في وعي شعب تجاه شعب ما فمن الصعب بمكان إزالته، وهو وسيلة للصراع أكثر خطورة من الأسلحة التقليدية غير التقليدية. فهل

كان من الأجدى بذل جهد أكبر للوصول لآليات لمنع انتشار الحقد؟

استراتيجية "الاغتصاب"

رغم أنه لم يكن سمة مميزة للصراعات، ولم يكن متفشياً كما هو الآن، يُمارس اغتصاب النساء على أيدي المقاتلين في الصراعات المسلحة منذ قرون. وما زال الاغتصاب الجماعي لنساء **"العدو"** سلاحاً مفضلاً في الحرب. وفي الصراعات الأخيرة في يوغوسلافيا السابقة وفي وسط إفريقيا وسيراليون وغيرها، كان الاغتصاب جزءاً من استراتيجية قاسية ومحسوبة لترويع مجتمعات محلية بأكملها وإجبار المدنيين على مغادرة ديارهم. ويقصد بالعنف الجنسي ضد النساء إظهار النصر على رجال المجموعة الأخرى الذين فشلوا في حماية نسائهم، فهو رسالة يُعنى بها إخصاء المجموعة المعادية وتجريدها من الرجولة. إنه معركة بين الرجال تُخاض فوق أجساد النساء.

وفي غواتيمالا كان الاغتصاب الجماعي للنساء من السكان الأصليين جزءاً لا يتجزأ من استراتيجية الحكومة لمكافحة التمرد خلال الحرب الأهلية. وكان من شأن ذلك أن يدفع **"لجنة التوضيح التاريخي"**، وهي لجنة رسمية أُنشئت في نهاية الحرب عام 1996

211

للتحقيق في انتهاكات حقوق الإنسان التي وقعت خلال الصراع، إلى الدعوة إلى إعادة التأهيل النفسي والاجتماعي للضحايا، وضمن ذلك تقديم الرعاية الصحية في المجتمعات المحلية للمساعدة في التغلب على الأثر الباقي للصدمات النفسية التي عاناها النساء اللاتي تعرضن للانتهاكات ومجتمعاتهن.

وقد عززت التطورات الأخيرة في مجال القانون الدولي الآليات القانونية لمكافحة أشكال التعذيب الخاصة بالنوع الجنسي في الصراعات المسلحة سواء ارتكبتها الحكومات أم الجماعات المسلحة. فهناك عدة أحكام أصدرتها المحكمتان الجنائيتان الدوليتان الخاصتان بيوغوسلافيا السابقة وورواندا مثّلت إسهاماً مهماً في العمل على وضع حد للإفلات من العقاب على جرائم العنف ضد النساء في الصراعات المسلحة. كما ساهم في ذلك أيضاً صدور "**قانون روما**" الخاص بـ "**المحكمة الجنائية الدولية**" الذي يعطي المحكمة الولاية في نظر جرائم الحرب من اغتصاب، واستعباد جنسي، ودعارة قسرية، وحمل قسري، وتعقيم إجباري، وغير ذلك من أشكال العنف الجنسي، عندما يُرتكب في سياق صراع مسلح سواء أكان دولياً أم داخلياً. كما يقضي أيضاً بأن مثل هذا المسلك قد يمثل في ظروف محددة جريمة ضد الإنسانية سواء في زمن السلم أم في زمن الحرب.

الإجابة تتكفل بها تقارير عديدة قادمة من البلقان تشير إلى أن الاغتصاب الجنسي أصبح المرض الأول والخطر الأكبر الذي يهدد سكانه، ولكي ندرك حجم التحول وما ينطوي عليه من مخاطر، نشير إلى أنه حتى مطلع التسعينات كانت أخبار الاغتصاب في البلقان شحيحة جداً ونادراً ما تظهر في الصحف، وإذا حصل حادث ما يُربط في الغالب بشذوذ نفسي. ويغدو منفّذه منبوذاً باعتبار أنه ارتكب فعلاً شنيعاً وممقوتاً، يعاقب عليه القانون بصرامة. ولكن الصورة اختلفت تماماً بعد عقد واحد.

فبعد أن شهدت الحرب الأهلية التي امتدت لسنوات وشهدت واحدة من أبشع جرائم الاغتصاب الجماعي في التاريخ، نضجت الثمرة المرة، إذ كان من الطبيعي أن تؤدي هذه الممارسات إلى زوال الحاجز النفسي والأخلاقي الذي يردع الإنسان عن ارتكاب جريمة الاغتصاب. وقد أمكن — بقدر كبير — معالجة الخسائر الناجمة عن العمليات العسكرية التقليدية وبقيت جريمة الاغتصاب، بالضبط ككارثة هيروشيما وناجازاكي، اللتين قصفتهما الولايات المتحدة بالقنابل الذرية في الحرب العالمية الثانية، تلوث بيئي وأمراض نفسية تلازم القليلين الذين نجوا.

إن مشكلات السيادة أو وحدة يوغوسلافيا لم تكن كافية لأن تحرك في الصرب كل هذه الشراسة ليرتكبوا جريمة الاغتصاب

الجماعي بهذا الحجم الواسع ولكنه الحقد، والرغبة — لا في تدمير قدرات الخصم العسكرية — بل في تحطيم بنيته الاجتماعية وتحطيم مقومات استمراره، وهو استخدام واع للاغتصاب كسلاح للتدمير الشامل. والخطر الأكبر في هذا النموذج يأتي من أن الجريمة — غالباً — تحدث للمرة الأولى بدوافع واعية خاضعة للسيطرة، ثم تنفصل عن أصلها لتصبح عملية اغتصاب لأجل الاغتصاب حيث يصبح الجنس بحد ذاته، منفصلاً عن عملية القسر والقهر واستخدام القوة التي ينطوي عليها الاغتصاب، غير قادر على إشباع الرغبة الجنسية !!

وكلما أخضعت الظاهرة لمزيد من التأمل والتحليل كانت باعثا لمزيد من الرعب، فجريمة الاغتصاب الجماعي لم تحدث في مجتمع تجذرت فيه أخلاقيات محافظة بحيث يصبح الاقتراب من المرأة خارج إطار الزواج صدمة تفسر ما حدث، فقبل التحولات التي أعقبت انهيار الاتحاد اليوغوسلافي، كانت إقامة علاقات بين الجنسين خارج إطار الزواج سهلة وطبيعية إلى حد ما. وكان شائعاً في هذه المجتمعات أن الفتاة التي تطلب المال مقابل العلاقة الجنسية **"غبية في الحب"**، وهي مثل **"عاهرات الدول الغربية"** !!

مجتمعات تأكل نفسها:

مما يؤكد جذرية التحولات وخطورتها أن البلقان في نهاية تسعينات القرن العشرين كانت تشهد انتشاراً مخيفاً للاغتصاب كظاهرة اجتماعية في مجتمعات المنطقة بعد أن سكت دوي المدافع، بل إن النسبة الأكبر من عمليات الاغتصاب يكون الجاني والضحية فيها من أبناء الجماعة السكانية نفسها، أي أنها انفصلت عن أصلها كوسيلة للصراع مع "**الآخر**". بل إن تقارير سابقة اعتمدت على عمليات مسح إحصائي توصلت إلى حقيقة مرعبة هي أن ربع فتيات المجتمع الكرواتي تعرضن للاغتصاب من داخل أسرهن، وهو ما يعني أن الجاني كان أحد محارم الضحية !! وحتى تكتمل الصدمة نشرت مؤخر تقارير تتحدث عن أن عمليات الاغتصاب لم تعد قاصرة على اغتصاب الإناث بل امتدت لتشمل الذكور !!

دارت ماكينة "**الحقد المقدس**" إذن فأطلقت أخلاقيات الغابة بين المجتمعات لكنها لم تكن قادرة — حتى لو أرادت — على منعها من أن تمتد لتطبق قانونها داخل المجتمع الواحد، ثم داخل الأسرة حتى تصبح جميعا، ومعها القيم الإنسانية، قرابين على مذبح إله الأيدلوجيا الذي لا يرتوي من دم ضحاياه بل يطلب المزيد دائماً.

كما انطلقت الظاهرة من عقالها على المستوى الداخلي وتلقفتها آليات العولمة لتنتشر في النصف الجنوبي من الكرة الأرضية وفي واحد من أكثر المجتمعات تخلفاً حيث التربة خصبة للخرافات أنواعها شتى. فحسب تقرير حقوقي قام جنود القوات المناهضة للحكومة في سيراليون بجرائم تحرش جنسي واسعة شكل ضحاياها أكثر من نصف النساء اللائى التقوا بهن وجها لوجه خلال الحرب الأهلية التي استمرت عشرة أعوام. وقالت جماعة "**أطباء من أجل حقوق الإنسان**" ومقرها الولايات المتحدة إن:

53 % من السيدات اللائى صادفهن المتمردون تعرضن لاعتداءات جنسية.

وكان ثلث المعتدى عليهن ضحايا لاغتصاب جماعي.

ويقدر أن ما بين **50** إلى **64** ألفاً من النساء اللائى اضطرتهن الحرب لترك منازلهن تعرضن لتحرشات أو اعتداءات جنسية.

وأن ما يصل إلى **257** ألفاً من نساء وفتيات سيراليون، **التي يتجاوز تعداد سكانها خمسة ملايين نسمة، تعرضن لعنف جنسي خلال الحرب أو قبلها.**

وتحقق **المحكمة الجنائية الدولية** حالياً لكشف المسؤولين عن الجرائم الجنسية التي وقعت في جمهورية أفريقيا الوسطى أثناء قمع

محاولة الانقلاب التي قام بها الجنرال فرنسوا بوزيزيه في 2002 ضد الرئيس السابق انج فيليكس باتاسيه. وأوضحت المحكمة في بيان **"أنها المرة الاولى التي يفتح فيها المدعي العام تحقيقاً تتجاوز فيه الجرائم الجنسية المزعومة بنسبة كبيرة عدد عمليات القتل"**. وحسب البيان فإن **"المعلومات التي في حوزتنا توحي بأن عمليات الاغتصاب وقعت بنسب تجعل من المستحيل تجاهلها في ظل القانون الدولي"**. فمئات النساء اللواتي تعرضن للاغتصاب عرضن قصتهن الشخصية وسردن وقائع تنطوي على قدر خاص من الوحشية. وقال البيان إن **"الضحايا وصفن عمليات اغتصاب جرت في العلن وأعمال عنف ارتكبها العديد من المغتصبين وعمليات اغتصاب بحضور أفراد من العائلة وأعمال عنف أخرى تعرضن لها حين كن يحاولن المقاومة"**.

وقد أصدرت **منظمة العفو الدولية** عام 2004 تقريراً مخيفاً عن **"الاستعباد الجنسي لنساء "العدو""** بوصفه **"أكثر أسلحة الحروب تحطيماً"**، ويكشف التقرير عن أن النساء يغتصبن ويعذبن جنسياً أثناء الحروب، لأنه ينظر لهن باعتبارهن **"آلة تكاثر العدو"** وتجسيد لشرف المجتمع. وهن يتحملن عبء عشرات الصراعات الدائرة في العالم. وقد **"أصبحت استراتيجية عسكرية .. إذا هاجمت امرأة فأنت تهاجم معنويات العدو وأهنت لا النساء أنفسهن**

فحسب، بل رجالهن الذين يشعرون أنهم فشلوا في الحفاظ على شرفهم".

وألقى تقرير المنظمة الضوء على مئات من حالات العنف المروعة التي ترتكب بحق المرأة في أوقات الصراعات. وفي كولومبيا جردت فتاة في الرابعة عشرة من عمرها من ملابسها، وأجبرت على ارتداء شارة حول رقبتها تقول: "**أنا مثلية**" قبل أن يغتصبها ثلاثة رجال وتقتل، وحين عثر على جثتها بعد بضعة أيام كان ثدياها مقطوعين. وفي ولاية جوجارات الهندية، حيث قتل المئات في اشتباكات طائفية بين المسلمين والهندوس، قالت المنظمة إن نساء حوامل بقرت بطونهن وانتزعت الأجنة من أرحامهن. وفي الكونجو اختطف عشرات الألوف من النساء واغتصبن أو استعبدن جنسياً، وبعض النساء عذبن جنسياً وأطلق عليهن الرصاص أثناء الاغتصاب أو بعده، وأحياناً داخل جهازهن التناسلي.

فمنذ هيلين بطلة ملحمة طروادة حتى الآن، اعتبرت المرأة تجسيداً للأمة المحاربة أو للشعب وهي ظاهرة "**تكريم تحول إلى عبء**". وبخاصة "**أن العديد من الصراعات الحديثة لها جذور عرقية ... أصبحت المرأة سلاح حرب بسبب هذا المفهوم الاجتماعي عن الشرف**".

الإسلام ومأزق البشرية الأخلاقي

لقد أطلق الداعية الإسلامي أبو الحسن الندوي قبل عقود صيحته الشهيرة: "**ماذا خسر العالم بانحطاط المسلمين**"، ويبدو أننا في حاجة إلى صيحة أخرى مماثلة. فالأزمة التي اتخذناها نموذجاً — مجرد نموذج — للمأزق الذي تمر به البشرية تطرح قضية مسئولية هذه الأمة التي شرفها الله بحمل أمانة الدعوة إلى دينه الخاتم. وهي أمة أراد الله لها أن تتربى أجيالها المتعاقبة على استشعار مسئوليتها عن هداية من تستطيع من هذا الجنس البشري.

فالأزمة الأخلاقية تزداد استحكاماً في عصر يشهد انفجاراً اتصالياً غير مسبوق في التاريخ، فالأزمة ليست أزمة تواصل مع الآخر، ففي كل لحظة تحمل شبكات المعلومات وموجات البث كما من المعلومات يزيد عما عرفته البشرية من معلومات في أعوام، لكنها مجرد "**معلومات**"، بينما البشرية في حاجة إلى "**إدراك**"، بما يعنيه ذلك من سياق ينتظم هذه المعلومات ويمنحها المعنى. كما أن البشرية لا ينقصها الإطار الأيديولوجي، ففي هذه اللحظة يقف الجنس البشري على ركام أيديولوجيات عديدة بعضها لفظ أنفاسه في عالم السياسة وبقي فصلا من فصول تاريخ الفكر، وبعضها يحاول أن يتماسك في

مواجهة **"أزمة المعنى"** التي تمسك بخناق الحضارة الغربية، وهي الحضارة التي في يدها في هذه الفترة زمام التاريخ البشري.

وما يملكه الإسلام في هذه اللحظة أثمن مما يتخيل أشد الناس حماساً له، أنه يملك إيقاظ الإدراك الإنساني بحقيقة **"القبس الإلهي"**. فعندما خلق الله أدم عليه السلام ونفخ فيه من روحه أودع في نسله القبس الإلهي إلى يوم القيامة، وهذا القبس منوط به نجاة الجنس البشري من مصير أسود قد يكون بانتظاره إذا استمرت مسيرة انحطاطه في طريقها. والقبس الإلهي أكثر الحقائق قدرة على كبح وباء **"استباحة الآخر"** الذي ينتشر في مجتمعات الجنوب والشمال على السواء، وهو ما يؤكد أن الفقر الذي نعانيه فقر قيم أكثر من كونه فقر موارد.

فعندما يتساوى صربي يعيش في أوروبا مركز العالم ومنبع التنوير وشعاراته اللامعة في الهمجية والبدائية مع مواطن أفريقي لم ير في حياته شيئا من منجزات الحضارة عظيما كان أو حقيرا فإن ذلك يعني أن الأزمة ليست في درجة التحضر ولا مؤشرات التقدم التقليدية (الغربية). وما لم تترسخ في وعي الإنسان المعاصر حقيقة أننا جميعا مكرمون ببشريتنا ومتساوون في الإنسانية، فلن تفلح كل شعارات الاعتراف بالآخر والتحاور معه وقبوله.. ..

وقد شهد القرن العشرون وحده تجربتان للتنظيم (عصبة الأمم 1918 – الأمم المتحدة 1945). وكلاهما كان الدفع لإنشائها تجربة مريرة من تجارب الصراع المتوالية، وقد استهدفتا خلق "**مجتمع دولي**" واحد، أملاً في أن يؤدي الحوار لتقلص رقعة الصراع. ورغم كفاءة التنظيم وتراكم الخبرات وتوالي المواثيق والعهود والاتفاقات، فإن غياب الحافز الأخلاقي جعل المحصلة كما نرى.

فأي مستقبل ينتظر هذه الإنسانية البائسة شمالاً وجنوباً ؟؟!!

الفصل الثاني
تعلموا من رواندا

"تعلموا من رواندا"

تحت هذا العنوان كتب الرئيس الأمريكي السابق بيل كلينتون

فقال: "على مدار العقد الماضي، شغل الخبراء والمحامون – كما

كان ينبغي لهم – أنفسهم بالتفكير في الأسباب التي يمكنهم

الاستناد إليها في تحميل المجتمع الدولي، ودول أخرى في أفريقيا

جزءا من المسؤولية عن المأساة التي وقعت في رواندا... ..كان

ينبغي علينا ألا نسمح بتحويل معسكرات اللاجئين إلى ملاذات

آمنة للقتلة.. كما كان يجب علينا القيام فورا بتسمية تلك الجرائم

باسمها الصحيح ألا وهو الإبادة الجماعية. إن الموت والدمار الذي

بدأ عام 1994، لا يزال حتى اليوم يقض مضاجع الروانديين،

ومضاجعنا نحن الذين عجزنا عن الرد في ذلك الوقت. من المهم

لنا أن نتذكر أهوال تلك الفترة بوضوح وأمانة، كي نستفيد من

223

دروسها من جهة، وكي نقوم بتخليد ذكري أولئك الذين لقوا حتفهم بسببها من جهة أخرى. بيد أنه من المهم للعالم في الوقت نفسه، أن يقوم بتعزيز التقدم سواء الذي تحقق بالفعل، أو الذي لا يزال ممكناً تحقيقه في تلك الدولة التي يعتبرها الكثيرون مجرد دولة صغيرة ونائية في وسط أفريقيا".

وأضاف كلينتون: **"نظرا إلى أنني كنت أعرف ما حدث في رواندا منذ سنوات ليست بالبعيدة، فإنني تأثرت بالغ التأثر بالإيمان الذي تحدث به الأفراد الذين قابلتهم عن المصالحة، باعتبارها واجبا أخلاقيا، وشرطا حتميا للبقاء في الوقت نفسه. وفي الوقت الذي أوضح لي فيه معظم من قابلتهم، أن التهديد المتمثل في إمكانية تكرار تلك المذابح، يتطلب من الجميع يقظة دائمة، فإنهم أوضحوا لي أيضا تصميمهم على صياغة أمة جديدة..يتعايش فيها جميع الرونديين على قدم المساواة، دون تفرقة بين عرق وآخر، ويسعى فيها الجميع إلى تحقيق المساواة والعدالة والتنمية الاقتصادية، التي تستطيع التغلب على شرور الكراهية، والتفرقة، والدمار".**

في هذا الجو الدموي كانت الأقلية المسلمة في رواندا تضرب المثل في كيفية تغليب ثقافة السلام على ثقافة الصراع فبينما راقب

العالم ميليشيات الأغلبية التابعة للهوتو وهي تذبح أفراد الأقلية التوتسية، والجماعات المعتدلة من الهوتو. وقتل سكان رواندا، بدافع من الكراهية العرقية، 800 ألف من مواطنيهم. كان مسلمي الهوتو يرفضون التعاون مع القتلة من أبناء قبائلهم فقد رفضوا قتل المسلمين من التوتسي. وتمكن مسلمو الهوتو من حماية معظم المسلمين والكثير من سكان رواندا. وتحدث الأئمة ضد القتل، وحثوا المصلين على عدم المشاركة.

المهم أن هذا السلوك الراقي كانت له آثار مذهلة إذ صار الإسلام أسرع الأديان انتشارا في رواندا، طبقا لما ذكرته صحيفة "**نيويورك تايمز**"، فقد كانت الكاثوليكية هي الديانة المسيطرة في رواندا لأكثر من قرن، ورغم أن العديد من الراهبات والقساوسة الشجعان، فقدوا حياتهم وهم يحاولون وقف المذبحة، فإن العديد منهم شاركوا في القتل. وأضافت الصحيفة: "**ابتعد العديد من الناس عن الدين تماماً، إذ شعروا بالاشمئزار من الدور الذي لعبه بعض القساوسة والراهبات في المذابح، بينما لجأ الكثير منهم إلى الإسلام**"، واعتنق يعقوب جمعة نزيمانا، البالغ من العمر 21 عاماً، الإسلام عام 1996. وقال للصحيفة: "**لقد قتل الناس في كنيستي القديمة، وساهم قس الكنيسة في القتل. لم أتمكن من العودة والصلاة هناك. وكان علي العثور على شيء آخر**". وتجدر الاشارة

إلى وجود 500 مسجد في رواندا اليوم، وهو ضعف العدد الذي كان قبل عشر سنوات. ويقدر قادة المسلمين في رواندا عدد المسلمين في البلاد بحوالي مليون مسلم، وهو ما يعادل نسبة 15 في المائة من السكان.

وقال أليكس روتيريزا، إنه تحول إلى الإسلام، لأن المسلمين ضبطوا أنفسهم بشكل جيد عام 1994 وأنا أردت أن أكون مثلهم وقال إن مناطق المسلمين كانت قبل عشر سنوات، أكثر الأمكنة أمانا، حيث يعيش الكثير من الروانديين المسلمين في مناطق مكتظة معا في منطقة بيريوغو من العاصمة كيغالي. ولم يكن بوسع ميليشيات الهوتو الذهاب إلى هناك. وخلال عمليات القتل التي ارتكبت ضد أبناء التوتسي، على يد ميليشيا الهوتو قبل عشرة أعوام، لم يستطع رجال الميليشيا المقيمون في المناطق المسلمة القيام بعمليات قتل، فقد كانوا محاطين بالمسلمين من قبيلة الهوتو، وهؤلاء لم يتعاونوا معهم. وقالوا لهم إنهم يجدون أنفسهم يرتبطون بغيرهم بأواصر الدين أكثر مما يربطهم الانتماء القبلي، وهذا ما سمح بإنقاذ مسلمي التوتسي.

قال رمضاني روجيما، أمين جمعية المسلمين التنفيذي في رواندا: "**لم يمت أحد في مسجد. لم يرد أي مسلم أن يموت مسلم آخر. نحن وقفنا في وجه رجال الميليشيا. ونحن ساعدنا الكثير من**

غير المسلمين على النجاة"، وقال روجيما التوتسي: "**إن الفضل في بقائه حيا يعود إلى مسلم غريب أخفاه في بيته حينما كان يبحث عنه أفراد من الميليشيا**"، وقال الشيخ صالح هابيمانا، مفتي رواندا إن الكثير من الرواندين اعتنقوا الإسلام لأن المسلمين تصرفوا بطريقة مختلفة. وقال المفتي: "**كانت سقوف بيوت المسلمين مملوءة بغير المسلمين المختبئين هناك**".

خاتمة

1

من النتائج المقلقة لغياب ثقافة السلام الصعود الكبير للنخب العسكرية، وفي الشرق الأوسط مثلا فإنه رغم أن تفوق الحرب التقليدية الحديثة على أشكال الحروب الأخرى فى الصراعات بين الدول فى الشرق الاوسط، يفسر اعتماد هذه الدول على الموارد الخارجية، إلا أن هناك عوامل أخرى تستطيع أن توضح سبب انتشار هذا النوع من الحروب واعتماد الدول على الموارد الخارجية. ففى مصر

وسوريا والعراق على سبيل المثال تشجع المؤسسات العسكرية هذا الشكل من الحروب لأنه يقوي مركز المؤسسة العسكرية ويطور خبرات أبنائها. فى نموذج مصر تحت حكم محمد على فى بداية القرن التاسع عشر نجد نموذجاً قريبا من النموذج الأوروبى للعلاقة بين صنع الحرب وصنع الدولة. فقد أدت ضروريات التمويل العسكري والإمداد والتجنيد إلى خلق جهاز دولة مؤثر، ونمو القطاع الصناعى، الذى سرعان ما انهار بعد إجبار محمد على على خفض حجم الجيش بعد عام 1841.

وبهذا كانت الحروب، بما تمليه من ظروف طارئة، المصدر الدائم لعسكرة الحياة برمّتها وليس الاقتصاد والثقافة فقط حتى أصبحت "**العَسْكَرة**" سِمة عصر، وليست الميزانيات المعلنة والسرية لوزارات الدفاع والحرب في العالم هي ما يمكن الاحتكام إليه لقياس منسوب عَسْكَرة الاقتصاد، لأن هناك مظاهر أخرى، منها ما هو خفيّ لأنه مدرج ضمن قائمة الأسرار، وقد احتج كاتب فرنسي قبل سنوات على الفارق الهائل بين موازنة الدفاع وموازنة الثقافة في بلاده، لكنه سرعان ما سمع من أحد العارفين أكثر منه بالخفايا، أن للثقافة حروبها أيضاً، خصوصاً في بلد كفرنسا، أما المقصود بعَسْكَرة الثقافة، فهو تحويلها إلى عربة لا حول لها ولا قوة، تقتادها خيول الإعلام المسيس أو المؤدْلَج، فما من ثقافة حرة، أو طليقة في أسئلتها،

وهواجسها إذا كان الإعلام هو الذي يحدد لها المسار والرؤية ومجمل الاستراتيجية.

ولو قُدر لكاتب معاصر أن يقتفي هيراقليطس اليوناني، الذي كتب مؤلفاً مثيراً عن الحب والحرب وما بينهما من مشترك في المصطلحات، لانتهى إلى وضع كتاب أشد إثارة من المشترك القاموسي والأسلوبي بين الحرب والثقافة في أيامنا، لكن مثل هذا الجهد لا يغري أحداً ممن أسلموا أمرهم للأقوى، والأوسع نفوذاً. إن أول ما تُجهز عليه عَسْكَرة الثقافة هو سؤالها الخالد عن الإنسان، ومصيره ودوره في صياغة هذا المصير، فعَسْكَرة الثقافة تلغي دور الفرد، وبالتالي دور الاستثناءات، لأنها شغوفة بتقعيد كل شيء أي تحويله إلى قاعدة!

وبدلاً من أن تتمدد الثقافة، بأسئلتها وهواجسها وتبشيرها بالحرية إلى العسكرتاريا وتحرّرها من الوحشية، وبربرية النوازع، حدث العكس، لأن الثقافة باختصار لم تستقل يوماً عن السلطة السائدة، التي تقترح عليها بوصلتها الخاصة، وتُعيرُها خوذتها، وعصي جنرالاتها. وقد لا يتوقف الأمر عند عَسْكَرة الاقتصاد والثقافة، لأن هناك ما يوحي بأن التربويات كلها مرشحة لهذه العَسْكَرة، فحروب ما بعد الحداثة، إن صحّ مثل هذا التحقيب أو التصنيف للحروب، فرضت على العالم معايير غير مسبوقة، وحولت العدوان السافر إلى حرب

وقائية مشروعة، وبذلك تكون البشرية قد فقدت آخر ضمانة لسلام محتمل، أو لثقافة متمدنة تتنامى خارج الخنادق والأساطيل.

وفي مقابل هذا الاتصال أو قل الطغيان للحرب على الثقافة فإن هناك من رأى أن الحرب ظاهرة تقنية ورغم أن هذه النظرة متهمة بأنها تقوم على استبعاد القيم الثقافية والأخلاقية المرتبطة بالحرب، ومن ثم التحولات الاجتماعية والسياسية التي تطرأ على المجتمع إلا أنها في الحقيقة أقرب إلى الموضوعية. فقيم شأن النصر والهزيمة او الربح والخسارة على صلة وثيقة بأمور كالإتجاه نحو الديموقراطية والإمعان فيها، وأيضاً بموقع المرأة في المجتمع ومعاني الذكورة، فضلاً على صلتها بالدين وما عرفه من ازدهار في الآونة الأخيرة بما أدى الى نشوء مرجعيات مختلفة للهوية والولاء ومصادر للتفكير والتنظيم السياسيين مباينة للأحزاب العلمانية التي تمتعت بالهيمنة طويلاً في هذا المجال.

وفي مواجهة الصعود الكبير للنخب العسكرية خلال القرن الماضي تؤكد الدراسات المتصلة بقضية صلة البناء السياسي بنشوب الحرب أن الإمعان في الديموقراطية، وإن أضعف الدولة ككيان متماسك، متجانس الهوية، ضد أعداء خارجيين، أوجب التشديد على النزعة المهنية العسكرية. وقد صير إلى التخلي عن نظام الخدمة العسكرية الإجبارية في العديد من النُظم الغربية، بيد أن هذا لم يكن بفعل ضعف الدولة في ظل رسوخ الحياة السياسية الديموقراطية بقدر

ما عبّر عن الحاجة إلى وجود قوة عسكرية محترفة وعلى قدر من المرونة بما يجعلها قادرة على التجدد والتحرك وفق ما تقتضيه الحاجة.

أما تغيّر موقع المرأة في المجتمع، فقد وجّه ضربة قاصمة الى المعاني والمظاهر الذكورية التي لازمت المؤسسات والأنشطة والعسكرية، ومن ثم قضت على مظاهرالإستعداد الدائم للهجوم والعدوان. الى ذلك فإن إزدهار الدين، إن على شكل مظاهر تقوى وورع جمعيّة الطابع، كما في الولايات المتحدة، ام على صورة حركات وجماعات سياسية متفاوتة البرامج السياسية والأهداف والوسائل المستعدة لإستخدامها في سبيل بلوغ مآربها، قد استبعد الدولة بإعتبارها مصدر الهوية وموضوع الولاء.

2

الحرب أكثر ما روع البشر بالفجائع عبر التاريخ وهي من أكثر ما يشغل بال المفكرين والمنظرين السياسيين. ولكن كيف ينظر اليها هؤلاء ... انهم مأسورون بمسألة العامل الوحيد أو العامل المباشر، أو العوامل المباشرة على أفضل تقدير ولذلك، تراهم منكبين على تحليل مثل تلك العوامل، وتجاهل كل العوامل الخفية التي قد تكون هي عوامل الحرب الاصلية. أورجانسكي وكوجلر بروفسوران أمريكيان متخصصان في فحص وتقصي مصادر وأسباب الحروب، لكن عنايتهما تركزت في تحليل عامل واحد ظناً منهما أنه العامل الحاسم، هو معدل النمو الاقتصادي للدول، فهما يقترحان أن ذلك العامل أساس تنامي قوة الدولة عسكرياً وسبب نشوء الحروب وبالتالي سبب كل الاختلالات في موازين القوى الدولية.

وفي هذا السياق فهما يقرران أن الامر يتم بالصورة الوحيدة التالية: عندما يختلف ميزان القوى بين الدول نتيجة اختلاف معدلات النمو وتفوق دولة في قدراتها وقواها الاقتصادية والعسكرية على دولة أخرى فان الدولة المتفوقة تتجه في الغالب اتجاها سلمياً وترمي الى الحفاظ على الوضع (الراهن) الذي تحظى فيه تلقائياً بمركز التفوق غير ان الدولة التي تم التفوق عليها واجتيازها لا تدع الدولة المتفوقة تهنأ بذلك الموقع وتعمل جهدها على إعادة الموقف السابق

234

أي أن تعود هي إلى موقف التفوق على تلك الدولة التي تجاوزتها بالسبق، وهنا تنشب الحرب ويكون اتخاذ قرار الحرب دائماً من قبل الدولة الأضعف لا الأقوى.

هذه (النظرية) يمارى فيها آخرون من علماء الحروب شأن البروفسور الاسترالي بليني الذي يزعم أنه وصل إلى اكتشاف سنن التاريخ التي حكمت كل حرب جرت منذ سنة 1700 ومع اعترافه بوجود أسباب ثانوية، إلا أنه يقرر أن السبب الاساسي هو اختلاف قادة الدول في تقرير وحساب (القوة النسبية)، وما يعني وجود اختلاف ينشأ حول تقدير وحساب كل قائد لقوة دولته منسوبة إلى قوة دولة اخرى، وبخاصة على المدى القريب. عند نشؤ ذلك الاختلاف تقع الكارثة الدبلوماسية ويتعذر التفاهم حول هذا الموضوع الخطير، وتنطمس الحقائق الموضوعية حول قياس القوة وفي تقدير (بلين) فان سبب الحرب الأساسي ليس اختلال ميزان القوى ولا التوزيع الحقيقي للقوة بين الدولتين ولكن إذا انطمست الحقائق وأصبح كل طرف يرى أنه هو الأقوى, فهنا لابد أن تقع الحرب لتحدد في النهاية من الطرف الأقوى.

سبب آخر للحرب من منحي تحليلي آخر ينحوي البروفسور دي موسيكتا إلى الزعم بأن قرار الحرب ينبع من شخصية قائد الدولة وحسب، وأن دوافعه في الدوام هي استعمارية واستغلالية، فكلما

235

غلب على ظنه احتمال تحقيق مصالح الدولة عن طريق الحرب كلما غلب الاحتمال على اتخاذه لقرار الحرب على خلاف ذلك التعليل يعتقد آخرون أن الحرب تقع عندما تتوازن قوى الدول بينما يعتقد آخرون أنها تقع عندما ينعدم التوازن، وآخرون يعتقدون أن الحرب تندلع في اول لحظة من لحظات انعدم التوازن!

3

لماذا يحب الإنسان الانتقام؟

سؤال وثيق الصلة بالحرب والسلام وقد حاولت دراسة سويسرية على المخ أن تجيب عنه، النتائج تقول إن الانتقام والتأنيب القاسي والشماتة في الآخرين، تجعل الانسان يشعر بالارتياح. وتأتي الدراسة في إطار ثورة علمية في مجال استخدام أجهزة المسح الضوئي

لتكشف عن كيفية تأثر البشر بالعواطف والانفعالات عندما يتخذون خياراتهم. وذكرت مجلة "ساينس" العملية أن الدراسة التي أجراها الباحثان دومينيك دي كويرفان وأورس فيشباخر والاستاذ ارنست فيهر من جامعة زيوريخ مسحاً لأنشطة المخ لدى متطوعين من الذكور شاركوا في لعبة لتداول الأموال. إذا أقدم أحد اللاعبين على اختيار أناني بدلاً من اختيار يحقق الصالح المشترك، فيمكن أن يقدم اللاعب الآخر على عقابه. واختار معظم اللاعبين خيار العقوبة حتى ولو كلفتهم بعض أموالهم. وحدد الباحثون أن قرار فرض العقوبة أدى إلى نشاط في إحدى مناطق المخ مسئولة عن شعور الارتياح والرضا.

كما اكتشف الفريق أن الذين نشطت لديهم تلك المنطقة بالمخ بدرجة أكبر، وهو ما قيس بزيادة معدلات تدفق الدم، إليها فرضوا عقوبات أشد. وقال فهر **"تشير نتائجنا إلى أن توقع الشعور بالارتياح والرضا يدفعان الإنسان إلى فرض العقوبة على سلوك غير مرض"**.

والدراسة قد تساعد في تفسير كيف تنشأ العادات الاجتماعية وتنظم السلوك. وحسب الدراسة، فإن غريزة الانتقام تنشأ على الأرجح لتعزيز التفاعل الاجتماعي الإنساني، وقد كتب

باحثوها: "على مدى آلاف السنين لم تملك المجتمعات البشرية المؤسسات الحديثة لفرض القانون .. شرطة محايدة وقضاة محايدين بما يضمن معاقبة الخروج على الأعراف، مثل الغش في التبادل الاقتصادي على سبيل المثال. لذلك فإن العادات الاجتماعية يتعين فرضها بإجراءات أخرى، والعقوبات التي يتخذها الأفراد هي أحد هذه الوسائل".

سيرة المؤلف

مدير المركز الدولي للدراسات والاستشارات والتوثيق (مداد)

** عضو اتحاد كتّاب مصر.

أولاً: ترجمات في معاجم وموسوعات

** ترجمة في الطبعة الأولى من: "معجم البابطين للشعراء العرب المعاصرين". (مؤسسة البابطين – الكويت).

** ترجمة في الطبعة الأولى من: "معجم أدباء مصر" (الهيئة العامة لقصور الثقافة – مصر).

** ترجمة في الطبعة الأولى من: "الموسوعة الكبرى للشعراء العرب المعاصرين: 1956 – 2006" – إعداد وتقديم: فاطمة بوهراكة – المغرب – 2009 – برعاية الشيخة أسماء بنت صقر القاسمي.

** ترجمة في الطبعة الأولى من: "معجم الأدباء: من العصر الجاهلي حتى سنة 2002" – كامل سليمان الجبوري – دار الكتب العلمية – بيروت – الطبعة الأولى – 2002 – 1424 هـجرية.

مؤلفات إبداعية منشورة

** نقوش على قبور الشهداء (ديوان شعر) – مركز يافا للدراسات والأبحاث – مصر – 1996.

239

** عاصمة للبيع (مسرحية) – دائرة الثقافة والإعلام بإمارة الشارقة –
دولة الإمارات – 2000.

** الحلم المسروق (ديوان شعر بالعامية) – مركز يافا للدراسات
والأبحاث – مصر – 2003.

** الندى والموت (ديوان شعر) – مركز يافا للدراسات والأبحاث –
مصر – 2003.

** القاهرة.. بيروت.. باريس (رواية) – الدار العربية للعلوم – بيروت –
2006.

** أهي القدس؟ – ديوان شعر – مكتبة بيروت – سلطنة عمان –
2009.

** الممر – رواية – مكتبة بيروت – سلطنة عمان – 2009.

أفلام تسجيلية:

* دولة المنظمة السرية – الفكرة والإعداد والمادة العلمية – إنتاج قناة
الجزيرة – قطر – 2009.

من الأعمال النقدية عن أعماله:

** رسالة ماجستير عن مسرحيته عاصمة للبيع في جامعة جنت
البلجيكية للمستشرقة البلجيكية ماريكي فان كرايسبليك – 2006.
(قيد الترجمة)

جوائز

* جائزة مؤسسة "اقرأ الخيرية" – مصر – المسابقة الثقافية للشباب لعام
1991 – المركز الثالث في مجال الشعر.

* جائزة مؤسسة "اقرأ الخيرية" – مصر – المسابقة الثقافية للشباب لعام
1992 – المركز الثاني في مجال المسرح عن نص ما زال مخطوطا.

** جائزة أفضل قصيدة (المركز الثاني) من "المجلس الأعلى للثقافة" —
مصر — 1999 — عن قصيدة "نقوش على قبر شهيدة".

** جائزة "الإبداع العربي" من: "دائرة الثقافة والإعلام بإمارة الشارقة"
بدولة الإمارات العربية المتحدة في مجال المسرح (المركز الثاني) عام
2000 — عن مسرحية "عاصمة للبيع".

** جائزة "أحمد فتحي عامر" في مجال الشعر (المركز الثاني) من "الهيئة
العامة لقصور الثقافة" — مصر — الدورة الأولى — 2003.

** جائزة "أحمد فتحي عامر" في مجال الرواية (المركز الثالث) من "الهيئة
العامة لقصور الثقافة" — مصر — الدورة الثانية — 2004 — عن رواية
"القاهرة — بيروت — باريس".

** جائزة أفضل قصيدة (المركز الثاني) من "نادي جازان الأدبي" بالمملكة
العربية السعودية في المسابقة الثقافية لعام 1423 هجرية — عن قصيدة
"بقصائدي ويقيني".

** مساهمات أخرى:

** نشرت مؤلفاته في القاهرة وبيروت وعمان والشارقة ودبي وواشنطون
والرياض ومسقط.

www.ingramcontent.com/pod-product-compliance
Lightning Source LLC
Chambersburg PA
CBHW072145290526
45794CB00004B/1418
9781477578926